Éric DENÉCÉ

LE NOUVEAU CONTEXTE DES ÉCHANGES ET SES RÈGLES CACHÉES

Information, stratégie et guerre économique

Préface du Préfet
Bernard GÉRARD
Ancien directeur de la DST (1986-1990)

L'Harmattan
de l'École Polytechnique
75005 Paris
FRANCE

L'Harmattan Inc.
55, rue Saint-Jacques
Montréal (Qc)
CANADA H2Y 1K9

L'Harmattan Hongrie
Hargita u. 3
1026 Budapest
HONGRIE

L'Harmattan Italia
Via Bava, 37
10214 Torino
ITALIE

Du même auteur

Géostratégie de la mer de Chine méridionale et des bassins maritimes adjacents, Collection Recherches asiatiques, L'Harmattan, Paris, 1999.

ISBN : 2-7475-0512-X

Je tiens à exprimer mon amicale reconnaissance à Claude Revel, Fabienne Mercier-Bernadet, Jacques de Seynes, Jean Deuve et Bernard Gérard, pour leurs remarques et conseils avisés.

E.D.

PRÉFACE

La mondialisation brutale - prévisible mais non prévue - dans son premier âge, n'est pas un spectacle ni une calamité inventée par quelque *deus ex machina*. C'est un nouvel état du monde qui concerne tous les acteurs planétaires. C'est une mise à l'épreuve douloureuse, un grand défi lancé aux hommes et aux structures. C'est une compétition économique globale fondée sur les sciences, les technologies, la maîtrise des savoir-faire et les innovations. L'économie y défie le politique, désormais impliqué, s'il veut survivre, dans une mobilisation aux côtés des acteurs économiques, combattants de première ligne sur le grand marché.

Depuis 1989 sont ainsi apparus les premiers germes d'un autre affrontement : celui de l'économie et de la technologie. Le grand marché est une aire de compétition, de conquête et d'influence, ouvrant la voie à de nouvelles dominations "culturelles". L'ensemble des États ne partent pas à armes égales. De nouveaux acteurs se profilent sur un avenir incertain de dérégulation. L'affrontement prend la forme d'une guerre d'influence dans un espace commercial incontrôlé et d'inégale valeur, entre hégémonies (Amérique du Nord) et exclusions (Afrique). Parallèlement, se développent des trafics divers et nocifs, faits d'une internationale mafieuse spécialisée dans le blanchiment de l'argent sale, source de corruption.

La notion d'intérêts fondamentaux s'élargit. Elle va de la protection renforcée du patrimoine - véritable trésor des pays développés - à l'appui et au succès des entreprises sur le grand marché. Monte également en puissance l'arme stratégique de la recherche et du traitement de l'information, nerf de cette nouvelle compétition, grâce aux progrès foudroyants des nouvelles technologies (NTIC). Ce sont là les trois piliers d'une nouvelle "défense" économique.

Le temps est venu d'appeler un chat un chat. Toutes les vérités sont bonnes à dire. Ecornons les tabous et les mirages.

La révolution de l'information, les bouleversements géopolitiques et la brutalité concurrentielle sous-tendent les compétitions planétaires et les nouvelles tendances hégémoniques, moins géopolitiques et militaires que géoéconomiques et culturelles (le messianisme américain). L'Europe naine face aux Etats-Unis sûrs de leur richesse, de leur *melting pot*, de leur communauté nationale et de leurs complicités anglo-saxonnes devrait nous inquiéter. Gardons-nous par ailleurs d'emballements hâtifs : le tout informatique, l'information électronique surestimée, les pilotes miraculeux, l'attente béate dans les *start up* de la nouvelle économie. Dans le traitement stratégique de l'information torrentielle, l'intuition, le flair, la pertinence des choix de l'homme en éveil s'affirment déterminants pour une indispensable et permanente réactivité offensive et défensive.

Pour les acteurs en première ligne (chercheurs, chefs d'entreprises, hommes et femmes de savoir-faire) les mécanismes concurrentiels sont des mécanismes de guerre - dans l'acception asiatique, subtil distinguo - qui appellent des stratégies, des objectifs, des comportements et des réflexes adaptés (le qui-vive permanent). L'intelligence économique, décapée de nos précautions et de nos réflexes gaulois, culte et culture de l'information et du renseignement enfin rapprochés, se présente, après inventaire international, comme la meilleure approche stratégique. Elle n'est pas un concept intellectuel pour discussions byzantines. L'intelligence économique fonde, arme, le collectif et s'affirme indispensable au management des entreprises ; elle est le sel des métiers dans la concurrence et la coopétition : savoir (jusqu'aux subterfuges et aux stratagèmes) pour connaître, anticiper et gagner.

En France, nos handicaps et travers culturels nous ont amenés à tourner indéfiniment autour du mot "intelligence économique", pour traduire l'adaptation stratégique à la mondialisation. Intelligence a toujours signifié "comprendre pour anticiper ou prévenir". Le premier matériau stratégique est le renseignement, information validée dans l'abondance et l'insécurité des réseaux. Retenons donc ce terme "d'intelligence économique", mais à condition de ne pas réserver l'expression à la seule stratégie des entreprises et de l'élargir à la réaction des pouvoirs publics, français ou européens, face aux enjeux de la mondialisation.

Eric Denécé appartient à cette génération de la "mondialisation". Il assume la chute du mur de Berlin, l'effondrement encore inachevé des communismes et de l'Union soviétique, le dégel chaotique d'un monde surarmé, bipolaire, myope, la découverte brutale d'un marché planétaire, source de richesse et de progrès, arène des nouveaux gladiateurs pour le meilleur et pour le pire, dans la libre circulation des marchandises, des idées et des hommes.

Rares sont les auteurs qui bénéficient, comme lui, d'une double expérience de l'action et de la réflexion. Sa qualité d'ancien analyste du renseignement, aujourd'hui dans le conseil, après être passé par l'industrie et l'enseignement, lui permet cette vision originale. La théorie n'influence pas l'analyse. L'observation précède et induit la réflexion.

Ce randonneur obstiné et patient, jamais donneur de leçon, nous propose, au faîte du XXe siècle, un arrêt sur image dans le grand chambardement de notre environnement mondial (le changement finit par être considéré comme la seule donnée permanente), avant de poser le pied dans le nouveau millénaire.

Eric Denécé nous dit dans le détail et l'illustration de ses propos ce qu'il voit, ressent, rattache à l'essentiel. Sa connaissance des grands classiques de la stratégie le conduit à évoquer Liddell Hart, Clausewitz, Myamoto Musashi et les stratèges chinois de l'Antiquité, pour nous aider à comprendre la nouvelle forme de conflictualité à laquelle nous sommes confrontés. Dans l'approche de l'intelligence économique, son expérience de la société et de l'entreprise en fait un pédagogue pragmatique, porteur d'exemples, ne proposant pas de recette miracle mais des éléments de réflexion propres à faciliter le choix d'une décision, d'une action. Cela s'appelle respect du lecteur. Cela explique la "somme" de l'ouvrage, le côté "bible à disposition".

Non, il ne s'agit pas d'une réflexion de plus sur un

concept jugé maladroitement chez nous comme une mode. Cet ouvrage n'est pas une lecture grand public : c'est un instrument pour initiés ou pour ceux qui souhaitent une première approche sérieuse, réaliste, lucide, sans complaisance.

Au fil des pages, l'analyse vivante et rigoureuse appelle des développements à l'adresse des responsables politiques des pays émergés comme le nôtre, au sein d'un ensemble européen, hélas ! en devenir :

- culture, croissance, cohésion de la France et crédibilité de l'Europe dépendent et dépendront de la compétitivité des acteurs en première ligne de l'affrontement concurrentiel. La gouvernance relève désormais d'une intelligence économique (sociale et culturelle) publique au sein d'une Europe garante d'un équilibre mondial multipolaire. Regardons autour de nous se développer les nouvelles communautés nationales fondées sur l'intelligence partagée : Suède, Allemagne, Hollande, Espagne...
- ayons le courage d'une analyse sans complaisance de l'adaptabilité de notre société française : capacités d'innovation, de créativité, de recherche et de productivité, certes, mais aussi éventail de travers et handicaps culturels, sociaux, politiques et structurels ;
- à l'heure des imprécations pathétiques sur la "malbouffe" et des complaisances politiciennes récupératrices de l'inquiétude rebelle au changement, exaltons les nouvelles solidarités : mobilisation "collective" et décloisonnement au sein de l'entreprise, recours extérieur aux réseaux (métiers et territoires), complémentarités entre les objectifs et les stratégies des responsables publics et des acteurs économiques (recherche, entreprises, formation), participation de la France et de l'Europe à la solidarité internationale, critère déterminant de reconnaissance mondiale.

L'intelligence économique rend possible cette complémentarité nouvelle, stratégique, entre les acteurs économiques et les responsables publics. Dans la mondialisation, l'adoption de nouveaux réflexes par les premiers nécessite un accompagnement gouvernemental en matière d'orientation des choix, dans les domaines essentiels de la recherche et de la formation (socle patrimonial), de la fiscalité (charges), de la fonction publique (facilitation et conseil) et de l'information (recherche et traitement partagés) ; mais aussi de la sécurité (économique) et de l'environnement, pour l'attractivité. Les chercheurs de nos laboratoires et universités, les détenteurs de nos savoir-faire et de nos cultures techniques locales, les acteurs économiques de tous ordres permettent d'améliorer - par leurs succès sur le grand marché - le produit intérieur brut, l'aménagement du territoire et les moyens d'agir pour la solidarité, la sécurité et la cohésion sociale de l'hexagone et de l'espace européen. La mondialisation implique donc l'engagement déterminé des pouvoirs publics aux côtés des acteurs économiques, à tous les niveaux (Europe, Etat, collectivités).

A mon sens, c'est à ce prix que la France et ses entreprises participeront durablement, "à armes égales", à la guerre économique. C'est à ce prix que l'Europe, bloc économique au potentiel élevé, jouera le rôle déterminant qui lui est assigné dans l'équilibre du monde, évitant une nouvelle bipolarisation Amérique-Asie.

Ce précieux manuel est à l'usage des chefs d'entreprise... et de ceux qui nous gouvernent !

Bernard Gérard
Préfet de Région Honoraire
Directeur de la Surveillance du Territoire (1986-1990)

INTRODUCTION

Les acteurs économiques dans la tourmente de la compétition géoéconomique

Voilà dix ans les premières fissures survenaient dans le mur de Berlin, préfigurant l'écroulement de l'empire soviétique. Le système bipolaire qui régentait les relations politiques et économiques internationales depuis la fin de la Seconde Guerre mondiale allait s'effacer à son tour. La disparition de cet ordre ancien suscita aussitôt des espérances à la hauteur des craintes de l'apocalypse nucléaire qu'elle avait fait peser, cinq décennies durant, sur la sécurité planétaire. Mais les espoirs quant aux dividendes de la paix se sont rapidement estompés. L'humanité est désormais consciente que l'inévitable période de turbulences qu'elle traverse, caractéristique de la transition d'un système international à l'autre, n'accouchera pas d'un monde idyllique, exempt de toute rivalité et de toute ambition. Le meilleur des mondes de Pangloss n'est pas pour demain.

En une décennie, notre monde a fondamentalement changé. Mais cette évolution se révèle confuse, multiforme, complexe. D'une part parce que lorsqu'un nouvel environnement succède à un autre, cela ne se fait jamais de manière tranchée, claire et lisible, mais progressivement, par touches successives ou simultanées, sur plusieurs décennies. D'autre part parce que les facteurs à l'origine des bouleversements récents ont été, en raison de leur multiplicité, d'une ampleur inégalée dans l'histoire. D'où la difficulté à en déchiffrer, à en comprendre et à en mesurer les conséquences. Le nouveau système international qui prend forme se caractérise par son imprévisibilité, son instabilité et son état de mutation constante.

Dix ans après les premiers signes annonciateurs de cette nouvelle ère, il devient cependant possible de faire le point sur les transformations qu'a connues le monde, car les lignes de force du nouvel environnement mondial s'esquissent déjà peu à peu. Nous voyons aujourd'hui se dessiner, non pas de nouveaux équilibres, mais quelques grandes tendances au sein de l'univers apparemment désordonné dans lequel nous vivons. Cette nouvelle donne a des conséquences significatives sur l'ensemble des activités humaines. Toutefois, l'élément qui nous paraît le plus fondamentalement nouveau est la projection, au premier rang des affrontements internationaux, des acteurs économiques qui sont confrontés à un exercice radicalement nouveau de leurs activités.

En fonction de leur taille, de leur stratégie, de leurs débouchés et de l'internationalisation de leurs activités, certains en ont pris parfois conscience très tôt et ont engagé les efforts nécessaires afin de s'y adapter et de continuer à tirer avantage du jeu concurrentiel. D'autres, une majorité sans doute, en raison d'un plus faible niveau d'internationalisation de leur structure, donc confrontés à une concurrence et une adversité moins immédiates, n'ont pas encore perçu la profondeur et la complexité des évolutions que nous sommes en train de vivre. Logiquement, ils n'ont pas consenti les efforts que rien ne rend nécessaire à leurs yeux. Enfin, il se trouve toujours des acteurs qui récusent les conséquences des phénomènes nouveaux et considèrent qu'ils n'ont pas besoin de se remettre en question.

C'est à leur intention qu'a été conçu le présent ouvrage qui s'attachera, dans un premier temps, à présenter les mutations de l'environnement mondial et leur impact sur les activités économiques. En effet, comprendre la nouvelle situation mondiale est un exercice singulièrement ardu pour des chefs d'entreprise le plus souvent rivés à la gestion quotidienne des activités, lesquelles sont de plus en plus complexes. Le temps leur faisant fréquemment défaut, il leur est difficile de percevoir le schéma d'ensemble de la nature, des interactions et des impacts des bouleversements mondiaux de cette dernière décennie. Après avoir dégagé les principales caractéristiques du nouveau contexte, dans un second temps, nous mettrons en lumière ce que doivent être, pour les acteurs économiques, les nouveaux comportements à adopter afin de participer avec succès à la compétition mondiale, en insistant sur leur caractère nouveau et original, donc dérangeant pour les esprits conservateurs.

Bien que plusieurs auteurs, tous plus qualifiés que nous, aient déjà produit d'excellentes réflexions sur différents aspects des évolutions récentes, nous avons estimé opportun de nous y livrer à notre tour pour trois motifs :

- malgré la qualité des travaux antérieurs, l'effort de sensibilisation sur ces thèmes est loin d'être achevé. Nos activités de consultant d'entreprise et d'enseignant nous le font mesurer chaque jour. C'est pourquoi il nous a paru utile de concevoir un ouvrage à la vocation pédagogique affichée, car les écrits actuellement disponibles sont diversement accessibles ;
- il n'existe pas de travail de synthèse large, présentant, dans une même perspective, des éléments relevant de la macro-économie, de la technologie et de la géopolitique, afin d'offrir au lecteur une vue d'ensemble des mutations en cours ;
- il est enfin difficile de faire prendre conscience aux entreprises, notamment aux PME/PMI, du rôle de l'information dans la compétitivité et de la nécessaire adoption de nouvelles pratiques nécessitant un apprentissage spécifique.

Le présent ouvrage a pour ambition d'apporter un éclairage sur des événements complexes. Il n'est pas consacré spécifiquement au cas français et le rôle de l'Etat y est peu évoqué, délibérément. Ce petit manuel a été conçu afin que les dirigeants d'entreprises prennent conscience des nouvelles conditions dans lesquelles vont désormais s'exercer les activités économiques. La nouvelle grille de lecture qu'il offre est indispensable pour décrypter les ressorts de l'environnement économique dans lesquels ils évoluent dorénavant. Cette connaissance réaliste du nouveau contexte des échanges, seule, les aidera, à l'avenir, à concevoir et à mettre en oeuvre des stratégies gagnantes.

PREMIÈRE PARTIE

LES MUTATIONS DE L'ENVIRONNEMENT MONDIAL ET LEURS EFFETS SUR LES ACTIVITÉS ÉCONOMIQUES

PRÉAMBULE

Un nouveau contexte difficile à déchiffrer

"Si vous n'êtes pas troublé à l'heure actuelle, si votre esprit n'est pas confus, c'est que vous ne comprenez pas ce qui se passe !" Jack Welsh, PDG de General Electric.

Tendance naturelle de l'histoire, le monde change et évolue sans cesse. Caractéristique majeure du XXe siècle, le rythme du progrès s'accélère : les découvertes scientifiques réalisées au cours des cinquante dernières années ont été plus nombreuses que celles effectuées pendant les deux millénaires qui ont précédé. Depuis la fin des années 1980, nous vivons en particulier une période de bouleversements majeurs, dont nous commençons à peine à mesurer les conséquences. Ils sont dûs à la simultanéité des deux phénomènes. D'une part, des innovations techniques fondamentales (révolution de l'information et des télécommunications, mutations technologiques diverses) ont contribué à bouleverser nos façons de travailler, de communiquer, de commercer ou de consommer. D'autre part, les événements géopolitiques récents (chute du mur de Berlin, disparition de l'impérialisme soviétique, nouveau système international dominé par une unique superpuissance) ont donné lieu à une transformation sans précédent de l'ordre mondial auquel nous étions accoutumés depuis plus d'un demi-siècle.

Le début des années 1990 marque donc une profonde rupture pour le monde, tout au moins pour nos sociétés développées. Nous sommes confrontés sans toujours nous en rendre compte à une véritable transformation, à un changement de paradigme comme il en existe peu dans l'histoire. Le système international qui a pris forme depuis une décennie sous les effets combinés de ces mutations technologiques et géopolitiques, remet en cause les équilibres politiques, économiques et sociaux que l'on croyait solidement établis. Il fait place à un univers nouveau, apparemment désordonné, qui se caractérise par son imprévisibilité, son instabilité et son état de transformation constante. Les conséquences de ces phénomènes touchent l'ensemble des activités humaines et l'intelligibilité de nos sociétés devient plus ardue.

Il est essentiel de mesurer les effets de ces deux mutations simultanées qui ont contribué à façonner le monde dans lequel évoluent désormais les acteurs économiques. La révolution des nouvelles technologies de l'information et de la communication (NTIC) a précédé de peu les bouleversements géopolitiques du début des années 1990, qu'elle a contribué à accentuer. Le effets cumulés de ces deux phénomènes ont eu un impact énorme sur le contexte des activités économiques et ont profondément transformé les règles du jeu concurrentiel, entraînant la radicalisation des termes des échanges et débouchant sur des affrontements économiques et commerciaux de plus en plus durs.

Dans un monde désormais complexe et multipolaire, un seul acteur est en mesure d'imposer sa volonté aux autres protagonistes : les Etats-Unis, unique superpuissance politique et militaire, économique, technologique et culturelle. Cette domination sans partage et sans état d'âme perturbe encore davantage le jeu des échanges. Les autres acteurs, à l'exemple de l'Amérique ou afin de préserver leurs intérêts face à la boulimie conquérante de Washington, recourent à leur tour à des pratiques concurrentielles d'un nouveau genre. La généralisation de celles-ci et le transfert de la conflictualité internationale de la sphère militaro-idéologique dans le domaine économique et culturel génère une véritable situation de guerre commerciale, comme l'Humanité en a rarement connu.

CHAPITRE I

LA RÉVOLUTION DE L'INFORMATION ET SES CONSÉQUENCES

Le passage de la civilisation industrielle à celle de l'information doit être considérée comme l'une des grandes mutations de l'histoire de l'Humanité[1]. La révolution de l'information - qui s'accompagne d'autres mutations technologiques essentielles - bouleverse nos modes d'organisation et de production, mais aussi de communication, de consommation, d'enseignement ou de loisir. Nos sociétés évoluent progressivement du matériel vers l'immatériel et le virtuel. Cette révolution, dont nous mesurons à peine les premiers effets, offre une quantité considérable d'opportunités nouvelles et représente un nouveau paradigme pour les activités économiques.

---

[1] Ce n'est pas la première fois que l'Humanité connaît une telle évolution. Ainsi, à la fin du XVIIe siècle, les progrès techniques de l'imprimerie permirent une alphabétisation accélérée de la population européenne. Pierre Chaunu (*La civilisation de l'Europe des Lumières*, Arthaud, 1971) estime que la capacité d'absorption par la lecture décupla en l'espace d'à peine deux générations, que la diffusion du contenu de la civilisation écrite par le livre fut multipliée par vingt et qu'il n'est pas déraisonnable de supposer une multiplication par cent de la donnée information. Ainsi, les structures mentales de l'âge classique se modifièrent lentement et donnèrent naissance à une nouvelle civilisation et au mouvement des Lumières. Mais la révolution actuelle est mondiale et non seulement européenne.

Les caractéristiques de la révolution de l'information

A partir de la fin des années 1980, nous avons assisté à une triple révolution en matière d'électronique, d'informatique et de télécommunications, chacune de ces disciplines ayant joué un rôle d'entraînement vis-à-vis des deux autres, ce qui a généré une démultiplication des applications de ces sciences. C'est cette combinaison que nous appelons révolution des nouvelles technologies de l'information et de la communication. Elle découle, concrètement, de plusieurs avancées techniques :
- l'avènement du numérique, qui a rendu possible la convergence entre son, images et données, permettant leur transmission instantanée et leur traitement automatique ;
- l'émergence des technologies ATM[1], la généralisation de la fibre optique et du satellite, qui ont permis l'apparition des réseaux à haut débit ;
- l'accroissement exponentiel des capacités de stockage des informations et de la performance sans cesse accrue des microprocesseurs et des techniques de compression. L'évolution de ces technologies est loin d'être arrivée à son terme. Les progrès vont encore nous étonner dans les années à venir car leurs capacités ne vont cesser de s'améliorer au profit de nos outils quotidiens (capacité, vitesse, prix, fiabilité...)[2].

Toutes ces nouvelles technologies ont rendu possible l'étonnant développement des autoroutes de l'information, qui

---

[1] Les technologies ATM *(asynchronous transfer mode)*, clés du multimédia et de la téléphonie par internet, commutent les unités de données numériques en quelques micro-secondes. Elles viennent progressivement remplacer les liaisons dédiées directes et permettent des fonctionnements de plus en plus optimisés et une qualité de service sans égal.

[2] Exemple de l'amélioration permanente de nos possibilités de transmission d'informations, le système utilisé par le commandement militaire américain pour transmettre les messages pendant la guerre du Golfe, en 1991, pouvait acheminer 2 400 bits d'information par seconde. Actuellement, le système *Global Broadcast System*, développé et utilisé dans le civil, achemine 23 millions de bits par seconde. Un message qui prenait plus d'une heure en 1991 peut maintenant être transmis en moins d'une seconde (Henry Ryan et Edward Peatry, "Military theory and information Warfare", *Parameters*, automne 1998, pp. 121-135).

constituent sans doute l'un des phénomènes majeurs de notre civilisation. Un réseau mondial de communications directes se trouve établi entre les hommes en dehors de toute intervention et de tout contrôle étatiques. Le développement d'Internet en est de loin la meilleure illustration. De quatre universités connectées entre elles, en 1968, par ce réseau d'un nouveau type - alors encore baptisé *Arpanet* - nous sommes passés à plus de 100 000 connexions en 1989. Dans l'intervalle, ont été développés et testés les programmes de courrier électronique *(e-mail)*, le protocole technique de communication dit TCP/IP[1] qui assure aujourd'hui la bonne marche d'Internet, de nouveaux services, tels que *Usenet*, qui proposent ce que l'on appelle des forums de discussion *(newsgroups)*, ainsi que des connexions physiques vers l'Europe. Des infrastructures techniques ont été parallèlement réalisées. Ultime étape avant l'explosion de ce que nous appelons Internet, en 1990, un chercheur du Centre d'études et de recherches nucléaires (CERN) de Genève a développé un système de navigation textuel et graphique qui permet à tout utilisateur de naviguer et se retrouver sur le réseau, sans connaissance technique préalable. Ce mode de navigation, appelé "hypertexte", représente le véritable point de départ du Net tel que nous le connaissons. Grâce à ces innovations, l'utilisation d'Internet a doublé chaque année depuis dix ans et qu'aujourd'hui, 110 millions d'ordinateurs sont connectés, ce qui représente une base d'environ 300 millions d'utilisateurs. De plus, les flux entre ces utilisateurs ne cessent également de croître.

En conséquence est apparue une société dite "de l'information", caractérisée par deux traits majeurs :

- la mobilité de l'information : où que l'on soit, il devient possible d'émettre ou de recevoir des informations, en particulier grâce à la téléphonie cellulaire, aux réseaux de satellites en orbite basse (type *Globalstar*) et à l'extension d'Internet. Les communications s'effectuent de plus en plus sans fil, par satellites, par les réseaux numériques d'intégration de

---

[1] La signification de cet acronyme est : *Transmission Control Protocol/Internet Protocol*

services (RNIS), voire par la télévision interactive[1]. Les calculateurs deviennent de plus en plus portatifs, personnels, conviviaux et communiquants. N'importe quel ordinateur portable peut aujourd'hui être connecté à un téléphone GSM, à l'aide d'une carte qui ne coûte rien, et devenir un produit communiquant ;

- le coût de plus en plus faible d'accès à l'information, dont donnent l'exemple le développement d'Internet et les possibilités qu'il offre d'accéder facilement à des milliers de bases de données[2]. L'information devient transmissible instantanément, pour un coût dérisoire. Ses utilisations potentielles, donc sa valeur ajoutée, sont illimitées.

Les origines de la révolution de l'information

Les origines de la révolution de l'information, généralement méconnues, remontent aux années 1940 et sont autant philosophiques que techniques. En effet, à l'origine de toutes les motivations de l'acte scientifique existe souvent un mythe qui l'a fécondé, préparé, nourri et qui lui a donné le retentissement nécessaire à son développement. Ainsi, entre 1942 et 1948, au sein de la cybernétique - science des communications et du contrôle[3] - naît l'idée que nos sociétés

---

[1] Il semble que l'on se dirige de plus en plus vers un usage combiné du Net et de la télévision, et que les RNIS seront rapidement supplantés par les connexions câblées et l'ADSL. Les technologies évoluent très vite et les découvertes ne cessent de se multiplier.

[2] Paul-Ivan de Saint-Germain, "La rupture de l'information et des systèmes", *Stratégique*, n° 65, Institut de Stratégie Comparée, n° 1, 1997, pp. 32-35.

[3] La cybernétique (dont l'acte de naissance est la publication de l'ouvrage de Norbert Wiener *Cybernetics or control and communication in the animal and the machine*, Hermann, 1948) est une science carrefour, lieu de rencontre de la théorie des communications, de l'économie politique, de la physiologie nerveuse, des mathématiques appliquées, de la théorie des servomécanismes et, bien sûr, de la "science du gouvernement" qui lui a donné son nom. Elle se définit comme la science générale des organismes, indépendante de la nature physique des organes qui la composent. Son objet est en effet l'organisme complexe, considéré comme un ensemble (d'où le principe du Net).

pourraient se réformer grâce aux nouvelles technologies qui sont encore à inventer. Ce projet de société est dès l'origine profondément marqué par une idéologie de type anarchiste au sein des milieux "ingénieurs", c'est-à-dire par l'idée que la société de demain doit être une société sans Etat, organisée par des réseaux internes qui s'autoréguleraient, dans laquelle la loi disparaîtrait au profit de la règle. Cette pensée a été le terreau de la révolution technique qui s'est vu investie d'une mission consistant à changer la société, en proposant une alternative à la manière politique de la gérer. Son but était de construire un espace libre de toute contrainte étatique dans lequel la démocratie directe, sans médiation, pourrait enfin s'accomplir. Les trois hommes à l'origine de ce projet[1] sont les pères de l'informatique et des nouvelles technologies. Ils ont profondément influencé la génération suivante de chercheurs et d'ingénieurs, qui sera à l'origine d'*Arpanet*, l'ancêtre d'Internet.

Il est intéressant de noter que Steve Jobs, le fondateur d'Apple, s'inscrit dans ce courant. Avant de produire ses premiers Macintosh, il fabriquait et vendait de petits dispositifs électroniques[2] qui neutralisaient le compteur des cabines téléphoniques et permettaient de téléphoner gratuitement, sous prétexte que "*les communications c'est la démocratie ; payer les communications c'est une entrave à la communication, donc à la démocratie*". Son slogan s'est transformé en "*la démocratie c'est un ordinateur par personne*". D'où son succès[3].

---

[1] Norbert Wiener, John von Neuman et Alan Thuring. L'américain Von Neuman est le créateur de la théorie des jeux, de la programmation incorporée des ordinateurs, de la théorie des automates reproducteurs. Le Britannique Alan Thuring, grand expert du décryptement pendant la Seconde Guerre mondiale, lancera le premier ordinateur doté d'une mémoire à l'université de Manchester, en 1948.

[2] Appelées *blue boxes* dans le langage des *phreakers*.

[3] Philippe Breton, "Les enjeux sociaux et culturels des autoroutes de l'information", *Enjeux Atlantiques*, n° 14, février 1997, p. 14.

Les effets de la révolution de l'information

Conséquence de l'entrée de nos sociétés dans l'ère de l'information, plusieurs phénomènes marquants se manifestent en cette fin de XXe siècle, qui affectent les activités humaines et en particulier l'évolution du monde économique : le décloisonnement planétaire, la dématérialisation croissante des activités économiques, l'accélération du rythme du progrès, le rôle accru de la connaissance, la nécessaire maîtrise de l'information et la transformation des modes d'organisation traditionnels, chacun interférant avec tous les autres.

Le décloisonnement planétaire

Avec l'explosion des supports de communication et la transmission instantanée des données, nos possibilités de communication ont changé de nature, contractant l'espace de notre planète et renforçant la mondialisation des enjeux. Cette évolution majeure commence à bouleverser les structures nationales et sociales traditionnelles : développement de nouveaux modes de vie, perte d'efficacité des modèles idéologiques dominants, modification des organisations, crise de la centralité et décentralisation, apparition de nouveaux modèles économiques et culturels, développement des services et du travail à domicile, etc. Grâce à l'apparition des NTIC, le travail peut être délocalisé afin d'accroître les marges ou la performance : ainsi, des secrétaires travaillant à Manille peuvent transcrire des rapports médicaux dictés à New York, alors que des dessinateurs de Bombay ou de Varsovie vont développer les plans détaillés d'immeubles conçus par des architectes genevois ou londoniens. Une société de gardiennage de New York peut même faire surveiller des immeubles de sa ville grâce à des caméras vidéos contrôlées en temps réel par des employés localisés en Afrique du Sud. Par ailleurs nous sommes entrés dans une ère où des idées, des conceptions et des courants nouveaux sont véhiculés sans barrières ni contraintes, et modifient le monde presque quotidiennement.

La dématérialisation croissante des activités économiques

La généralisation du recours aux NTIC se traduit par un phénomène progressif de dématérialisation des activités économiques, qui bouleverse profondément la vie des entreprises, le champ de la concurrence et les règles du jeu. Cette dématérialisation se manifeste sous plusieurs formes : un plus fort taux d'investissements immatériels, une autorité plus grande du domaine scientifique au sein des directions et des stratégies et la progression des systèmes de production automatisés, dont le fonctionnement est assuré par un centre de traitement de l'information[1]. La dématérialisation a pour corrélat une certaine forme de déterritorialisation : si l'on peut distribuer le travail à des modules mis en réseaux, ils n'ont plus besoin d'être juxtaposés dans l'espace[2].

Conséquence de cette dématérialisation, depuis dix ans, les marchés sont de moins en moins des lieux et de plus en plus des réseaux. La société de l'information ne sera bientôt constituée que d'une succession de transactions électroniques, revêtant un caractère plus ou moins commercial. D'où la notion de "village mondial" renforcée par le commerce électronique. Dans ce contexte, les nouvelles technologies de l'information et de la communication prennent une dimension stratégique plus marquée pour la firme globale car ils génèrent des avantages compétitifs dans le cadre des nouvelles organisations industrielles en réseau (firme réseau et réseaux d'entreprises). Les actifs immatériels constituent désormais le nouveau patrimoine de l'entreprise dont la performance dépend largement de sa capacité à les développer et à les valoriser.

---

[1] Philippe Baumard, *Stratégie et surveillance des environnements concurrentiels*, Masson, 1991, p. 68.

[2] Bernard Nadoulek, *Guide mondial des cultures à l'usage des entreprises*, Editions EFE, 1998, p. VIII.

L'accélération du rythme des innovations et du progrès

Les principales résultantes des bouleversements en cours sont le raccourcissement du temps et l'accélération du rythme du progrès technologique. A cause de la première, les acteurs ont de moins en moins de temps pour réagir et doivent accomplir beaucoup plus vite qu'auparavant les tâches qui sont les leurs. Quant à la seconde, elle réduit le cycle de vie des produits et accroît la rapidité avec laquelle les acteurs économiques doivent réagir. La technologie évolue, se démode de plus en plus vite et se diffuse de plus en plus rapidement d'un secteur industriel à l'autre. Le délai qui sépare la recherche de la commercialisation se réduit sans cesse : il a fallu 35 ans pour mettre au point et commercialiser la radio, 14 ans pour la télévision, 3 ans pour le transistor et un an pour le CD. L'accélération des mutations technologiques, des processus d'innovation et du cycle de vie des produits, contraint les entreprises à s'organiser pour détecter en permanence des niches nouvelles. Aujourd'hui, plus du tiers du PNB américain provient de produits qui n'existaient pas il y a 15 ans[1].

Les progrès de la science et de la technologie offrent constamment des applications nouvelles, créant la possibilité de nouvelles offres, mieux adaptées aux besoins et plus attirantes, rendant obsolètes de nombreux produits existants. Il est alors vital pour les entreprises de connaître rapidement toutes les applications nouvelles qu'offre la science, pour ne pas se laisser déborder par des concurrents et continuer à fabriquer un produit qui se révèle de plus en plus vite dépassé.

Face à la nature des changements concurrentiels, la vitesse de réaction devient un facteur-clé de la stratégie. Elle détermine la rapidité avec laquelle une entreprise va inventer de nouvelles technologies ou les intégrer à ses propres pratiques. La situation actuelle nécessite une augmentation de la vitesse de compréhension des situations ; cette capacité à apprendre et à agir vite s'avère être de plus en plus une source d'avantage

---

[1] Patrice Allain-Dupré et Nathalie Duhard, *Les armes secrètes de la décision*, Gualino, 1997, p. 13.

concurrentiel[1]. Dans cette perspective, les NTIC sont un formidable multiplicateur d'efficacité. Elles donnent à tous les opérateurs concernés, en temps quasi réel, la même image d'évolution d'une situation, accélérant ainsi la prise de décision.

La connaissance, nouveau levier de création de valeur

Dans la civilisation dématérialisée de l'information, la connaissance est devenue, plus encore que le capital et les ressources physiques, l'ingrédient essentiel de la création de valeur. Aujourd'hui, c'est le savoir spécialisé qui constitue une des plus grandes sources de pouvoir. La supériorité technologique n'est que l'un des aspects de cette puissance du savoir : celui de la connaissance scientifique. Comme l'écrivait Peter Drucker dans *Au-delà du capitalisme*, "*les activités qui occupent la place centrale ne sont plus celles qui visent à produire et à distribuer des objets mais celles qui produisent et distribuent du savoir et de l'information*". C'est pourquoi, désormais, les vraies richesses et les vrais enjeux ne sont plus les matières premières, mais les hommes et leur savoir. La créativité et l'innovation sont les atouts fondamentaux des acteurs engagés dans la compétition[2]. La connaissance s'affirme comme la première des ressources stratégiques. Elle n'est plus seulement le fondement d'une capacité d'innovation dans le domaine des procédés ou de produits, elle est également un gage de flexibilité : les investissements en connaissance sont mobiles et peuvent être réorientés vers des directions d'applications nouvelles[3].

La compétitivité internationale des entreprises modernes se fait désormais sur la connaissance et sur la capacité à innover

---

[1] C. K. Prahalad, "Le nouveau paysage concurrentiel", *Les Echos*, supplément "L'art de la stratégie", 30 mars 2000, p. III.

[2] Bernard Esambert, *La guerre économique mondiale*, Olivier Orban, 1991, p. 10.

[3] Jean-Louis Bassano, *Les technologies émergentes : enjeux et opportunités industrielles*, Les cahiers thématiques de l'Observatoire des stratégies industrielles, n° 2, 1991, p. 62.

(humanware, après *software* et *hardware)* et repose sur trois avantages comparatifs qui sont : la compétence collective ; les infrastructures technologiques ; le potentiel national de formation et de recherche. Car innover n'est possible que dans une structure propice à l'innovation[1]. Le niveau d'éducation d'un pays et la capacité d'innovation, de réaction et de mobilisation des entreprises sont liés par une corrélation très forte[2]. La stratégie des entreprises doit donc privilégier l'investissement dans la connaissance et les technologies de l'information, afin de développer son potentiel créatif, qu'il s'agisse de produit, de processus ou de stratégie. La connaissance donne un temps d'avance à celui qui sait, lui offrant la certitude de conduire son action avec efficacité.

Nous sommes entrés dans une nouvelle ère où le temps de travail est peu de chose en comparaison du temps nécessaire aux individus pour développer leurs capacités imaginatives et cognitives[3]. On peut penser *a priori* que les NTIC jouent un rôle crucial de ce point de vue. Cela n'est pas inexact à condition de bien comprendre que ces NTIC ne font que transmettre et rendre disponible de l'information. Elles ne sont pas elles-mêmes, créatrices de connaissances. Pour créer, capitaliser et partager des connaissances, il faut aller au-delà des outils et parvenir à une réelle gestion des connaissances.

L'information, nouvelle matière première de l'économie

Par suite des mutations de l'environnement évoquées précédemment, l'information - qui est le fondement même de toute connaissance - revêt désormais une importance stratégique et opérationnelle essentielle. Ressource-clé de l'ère post-industrielle, l'information est l'énergie de l'entreprise, générant de nouveaux produits, de nouveaux services et de nouvelles orientations. Elle s'affirme donc comme une matière

---

[1] J.-L. Bassano, *op. cit.*, p. 20.
[2] B. Esambert, *op. cit.*, p. 10.
[3] André Gorz, interview, *Le Monde*, mardi 6 janvier 1998, p. 14.

première indispensable. Chacun doit désormais comprendre que l'information compte parmi les ressources fondamentales de l'entreprise et lui accorder toute l'attention nécessaire.

L'information doit être utilisée comme levier de création de valeur ajoutée et devenir un facteur de production. D'ores et déjà, la performance des entreprises apparaît liée à leur capacité à maîtriser les processus d'information ; c'est-à-dire qu'il leur faut désormais être capables d'aller chercher celle-ci partout, en particulier sur les canaux électroniques (Internet et bases de données) ; il leur faut aussi se révéler aptes à traiter rapidement les grandes quantités d'informations disponibles et à les redistribuer. D'où la nécessité des systèmes télécommunications et de l'informatique.

Le défi pour les acteurs économiques est aujourd'hui d'intégrer systématiquement et harmonieusement la dimension informationnelle dans le management, au même titre que les quatre ressources classiques de l'entreprise (humaine, financière, technique et commerciale). Le dirigeant qui désire faire prospérer ou simplement préserver son entreprise, doit considérer l'information comme une ressource et la maîtriser au mieux. Il lui faut définir une politique d'acquisition, de gestion et d'utilisation de celle-ci. L'information est un objet de connaissance qui s'achète ou se vend, comporte un coût et procure un rendement, et est astreinte à des règles économiques d'emploi en quelque organisation moderne que ce soit. Elle est un investissement qui contribue, au même titre que les autres, à assurer le développement harmonieux ou la survie de l'entreprise. Ne pas y consentir risque d'aboutir, dans des situations extrêmes, à entraîner l'arrêt de l'activité. En fonction de ce rôle nouveau de l'information, ce n'est pas simplement la forme et la nature du travail qui change, mais aussi celles du capital et de la richesse[1].

---

[1] A. Gorz, *op. cit.*, p. 14.

La remise en cause des modes d'organisation traditionnels

La nécessité pour les entreprises qui évoluent dans la société de l'information de se redéployer autour des ressources informationnelles et des savoirs, conduit à de nouvelles théories de l'organisation. Le passage d'un monde organisé, cloisonné et hiérarchisé à un univers aux limites floues et mouvantes influe directement sur la structure des entreprises. Les modèles d'organisation traditionnels, pyramidaux et hiérarchiques, ne permettent plus de s'adapter au nouvel environnement économique dans lequel la rapidité de réaction, la flexibilité et l'utilisation efficace des ressources sont devenues les clés du succès des entreprises. La structure verticale, qui compartimente les salariés n'est plus satisfaisante. Une organisation horizontale semble plus apte à répondre aux nouveaux défis.

Nous allons en conséquence de plus en plus assister à un transfert de pouvoir du vertical vers l'horizontal. Car la coopération latérale entre acteurs devient plus vitale pour le fonctionnement efficace de l'entreprise que l'impulsion du haut vers le bas. Les nouveaux modes de direction, décentralisés, seront limités au pilotage d'actions collectives. Dans cette nouvelle perspective, l'accent sera mis sur un fonctionnement autonome à tous les niveaux et sur le travail en réseau, permettant de partager les éléments indispensables à la détection et à la production de solutions, et sur un processus éclaté de prise de décision. De façon générale, faire face à la complexité et à l'instabilité implique de recourir à des organisations où le pouvoir est décentralisé et les centres de décision se multiplient[1]. La stratégie n'est plus exclusivement un exercice réservé à la seule direction. La révolution de l'information accroît à la fois l'autonomie des acteurs et les dynamiques collectives. En conséquence, la stratégie devient un processus de plus en plus élargi et participatif[2].

---

[1] Jean-Claude Tarondeau, "Les stratégies fondées sur les savoir", *Les Echos*, jeudi 20 avril 2000, supplément "L'art de la stratégie", p. III.

[2] C. K. Prahalad, *op. cit.*, p. III.

Les bases de la performance sont ainsi en train d'évoluer de la productivité des unités élémentaires (efficience des opérations) vers la qualité des interfaces et de l'interopérabilité, pour parvenir à la productivité globale et organisationnelle (pertinence des règles de coordination et qualité des interactions)[1]. Nous quittons l'ère de la production de masse et du travail standardisé, système dominant depuis le début du XXe siècle, pour entrer dans l'ère des nouvelles technologies et de la flexibilité. Nous nous acheminons lentement vers l'entreprise sans salariés permanents, qui se transformera en un système auto-organisateur de réseaux reliant un très grand nombre d'unités souvent minuscules. Beaucoup de celles-ci seront des entreprises individuelles sans capital autre qu'intellectuel, donc immatériel[2].

Les dangers de la révolution de l'information

Les évolutions en cours ne peuvent manquer de soulever quelques problèmes essentiels. Le développement exponentiel et largement anarchique des réseaux mondiaux se moque par essence des frontières et des législations nationales. Une telle évolution favorise l'émergence d'abus de toute espèce. L'incapacité à contrôler l'énorme masse d'informations et de messages circulant sur les réseaux en fait le refuge idéal des activités illégales (mafia, terrorisme, espionnage, sectes, escroqueries, pédophilie...) qui exploitent sans retenue ce sanctuaire dépourvu de lois. Les droits en vigueurs et les organismes de contrôle se trouvent en conséquence devant un nouveau défi.

Internet bouleverse par ailleurs la problématique médiatique, amplifiant les échos des mouvements d'idées, conférant aux opinions publiques un rôle de premier plan. Ce n'est pas comme le Minitel un moyen neutre d'information ;

---

[1] Anne Mayère : "La gestion des savoirs face au nouveau modèle industriel", *Revue française de gestion*, septembre-octobre 1995, p. 9.

[2] A. Gorz, *op. cit.*, p. 14.

c'est aussi et surtout un moyen d'expression. Il introduit une nouveauté fondamentale dans la société de l'information : il n'y a plus aujourd'hui de frontières entre les acteurs et les spectateurs. Il devient virtuellement possible à chacun de donner son avis sur n'importe quel sujet. Chaque individu crée de l'information ou du mensonge et peut inonder le Net de ses messages, donnant ainsi naissance à un courant d'opinion fondé ou infondé. La numérisation rend également plus facile la manipulation et le trucage : il sera de plus en plus difficile de savoir si les informations où les images que l'on reçoit sont réelles où si elles ont été fabriquées. Les autoroutes de l'information sont ainsi en passe de devenir parfois les autoroutes de la désinformation. Enfin, le Net est de plus en plus utilisé par minorités et des réseaux de protestation de toute nature, qui donnent parfois un écho considérable à leurs revendications. Il leur permet de créer des mouvements d'opinion et d'obtenir des informations tout en restant à l'abri derrière leur écran. C'est la porte ouverte à la "cyberpropagande".

Malgré ses formidables opportunités et les progrès qu'il apporte, le Net est donc un outil à double tranchant. Son principal danger réside dans son utilisation massive par des individus peu capables de différenciation entre un fait et un jugement, entre la réalité et l'illusion. C'est la contrepartie de la démocratisation de l'information lorsque le niveau d'éducation n'est pas adapté. Internet apparaît donc comme une caisse de résonance extraordinaire, avec une puissance démultipliée par rapport aux moyens médiatiques traditionnels. Il peut déraper vers une désinformation débridée, puisque tout y prend, très rapidement, des dimensions faramineuses, puisqu'il neutralise les espaces physiques et temporels. Entre des mains mal intentionnées, il peut donner des résultats catastrophiques.

L'accélération des autres mutations technologiques

Les mutations technologiques majeures de cette fin de XXe siècle ne concernent pas seulement l'information. On assiste également dans d'autres domaines scientifiques et techniques, à une véritable accélération du rythme du progrès. Les grandes percées technologiques n'ont jamais été aussi intenses. Elles transforment, sous nos yeux, les rapports de l'espèce humaine à l'espace, au temps, au corps, à l'emprise sur le monde et bouleversent nos modes de vie.

L'automatisation des tâches les plus complexes, la généralisation de l'informatique, les immenses champs d'application de l'intelligence artificielle, puis de l'électronique moléculaire vont également bouleverser nos sociétés. Les progrès fulgurants du génie biologique investissent la pharmacologie, les engrais, l'agro-alimentaire et se profilent en relais de l'électronique. La biologie moléculaire et la génétique imposent déjà une réflexion en profondeur sur notre éthique traditionnelle. La conquête de l'espace, et singulièrement de l'espace marin, ouvre de formidables perspectives : pétrole, nodules polymétalliques, aquaculture... Dans les domaines de l'étude des très grandes vitesses, de l'astrophysique et des énergies de substitution, des découvertes considérables sont en instance. D'autres technologies émergentes telles que les biotechnologies et la maîtrise du vivant, la maîtrise des matériaux, les technologies d'une nouvelle transition énergétique, sont porteuses d'enjeux qui ne sont plus hors de vue pour l'industrie. Les progrès importants également réalisés dans le domaine militaire conduiront à des évolutions dans les systèmes d'armes futurs et provoqueront des révisions importantes des concepts stratégiques. Le perfectionnement des armements classiques démultipliera l'efficacité des affrontements militaires, conférant aux explosions de violence une intensité meurtrière accrue, mais leur précision améliorée en limitera les effets collatéraux. Les opérations militaires déjà changent de nature : dans la majorité des cas, elles ont désormais pour but de maîtriser sans combattre en empêchant d'agir : en ce domaine également, l'information devient un mode d'action majeur. Il faut entrer dans le jeu psychologique des protagonistes pour devenir acteur d'une guerre du sens.

Ces sauts technologiques majeurs, ces ruptures dans nos pratiques, créent un nouveau paradigme pour l'ensemble des activités humaines. Les mutations technologiques sont au coeur de l'instabilité actuelle du développement économique et apparaissent comme génératrices de changements majeurs. Elles évoluent sous nos yeux à grande vitesse et expliquent la course à l'innovation dans laquelle sont engagées nos sociétés, sans que nous puissions toujours appréhender avec précision les conséquences de leur impact à terme.

CE QU'IL FAUT RETENIR

De multiples conséquences résultent des effets de la révolution des NTIC et des autres mutations technologiques de cette fin de siècle, en particulier la dématérialisation des actifs, le raccourcissement du temps - donc l'accroissement de la rapidité avec laquelle les acteurs économiques doivent réagir aux évolutions de leur environnement - et la permanence du changement, qui devient la seule donnée stable. Nous sommes ainsi passés, au cours de la dernière décennie, d'un modèle de production de masse à forte intensité d'énergie et de matières premières à un paradigme de production flexible à forte intensité d'information[1] et d'une logique de fonctions à une logique de processus, ce qui bouleverse les modes d'organisation traditionnels. Les entreprises rencontrent en conséquence des difficultés croissantes qui les amènent à reconsidérer leurs activités en fonction de ces nouveaux paramètres. Toutefois, ceux-ci ne viennent pas se substituer aux règles traditionnelles qui font le succès des organisations performantes. Ils viennent s'y ajouter et ne dispensent en aucun cas de continuer les efforts en matière de gestion traditionnelle. Nous vivons ainsi une mutation fondamentale et irréversible qui invalide les anciens paradigmes des théories économiques ; elle porte en elle autant d'opportunités que de menaces pour nos sociétés, d'où la nécessité d'en percevoir tous les effets, car elle se complique singulièrement avec les bouleversements géopolitiques récents.

---

[1] J.-L. Bassano, *op. cit.*, p. 4.

CHAPITRE II

LE BOULEVERSEMENT FONDAMENTAL DE LA GÉOPOLITIQUE MONDIALE

La fin du XXe siècle restera marquée par la désagrégation de l'Union soviétique et la disparition du plus grand totalitarisme conquérant que la terre ait porté, événement majeur symbolisé par la chute du mur de Berlin. On peut affirmer que cette évolution géopolitique a été beaucoup plus significative que ne le fut la fin de la Deuxième Guerre mondiale, car elle a mis un terme à la menace qu'un totalitarisme expansionniste faisait peser sur les relations internationales depuis 1917. Aujourd'hui, le système international qui vient de disparaître laisse place à un univers désordonné, instable et imprévisible, même si de multiples signes illustrent le glissement progressif des enjeux mondiaux du domaine géopolitique vers celui de la géoéconomie.

La désagrégation de l'URSS et le nouveau contexte des relations internationales

Simultanément à l'entrée de nos sociétés dans l'ère de l'information, s'est produit un autre bouleversement fondamental de l'ordre international : la disparition de l'Union soviétique et de la menace qu'elle faisait peser sur le monde depuis 1945. Même si certains ont cherché à y voir une relation de cause à effet, rien ne paraît moins hasardeux. L'implosion de l'empire russe est la résultante de l'inadaptation croissante de son système politique aux nouvelles aspirations des hommes et des peuples sous son joug, de son incapacité à leur assurer un niveau de vie décent et de son impossibilité à participer à la compétition économique et technologique mondiale. Les tentatives de réforme entreprises par Gorbatchev ont provoqué, bien malgré elles, la dislocation accélérée du système soviétique.

Avec la disparition de l'ordre international ancien, qui structurait autour d'une rivalité stratégique Est-Ouest toutes les modalités des relations internationales, se sont effacés les principaux repères politiques, juridiques et idéologiques sur lesquels se fondait le système international depuis cinquante ans : retrait d'un adversaire désigné et fin de la perspective d'une épreuve décisive et ultime (grande bataille d'anéantissement)[1]. Mais la fin de l'affrontement Est-Ouest n'a pas entraîné la disparition de la rivalité entre les nations. Depuis 1989 une nouvelle logique s'est progressivement imposée : la disparition d'une menace bien identifiée, probable, a cédé le pas à la dispersion géographique des crises et à la diversification des enjeux, phénomènes exacerbés par l'apparition ou l'affirmation de nouveaux acteurs internationaux.

La disparition de l'affrontement Est-Ouest a libéré des antagonismes jusqu'ici contenus ou contrariés et les crises internationales sont dorénavant susceptibles d'éclater sur tous les théâtres. En Europe, le spectre ou la réalité de multiples guerres civiles ou frontalières ont remplacé la menace de l'Armée rouge (conflits en ex-Yougoslavie, implosion de l'ex-URSS, etc.). Dans le Tiers-monde, la disparition de l'ordre bipolaire a conduit à une diversification non contrôlée des enjeux et a laissé la voie libre à l'expression de conflits liés notamment aux ambitions de puissance de nouveaux acteurs régionaux (Irak, Chine, Indonésie) qui ont profité de la nouvelle situation pour concrétiser par la force certaines de leurs ambitions[2] ou pour résoudre leurs problèmes de sous-développement. La chute de l'Union soviétique et le nouveau désordre international ont par ailleurs ouvert la voie aux

---

[1] André Glucksman "Les conflits d'après Guerre froide", *Stratégique*, n° 72, 4/98, Institut de Stratégie Comparée, p. 47.

[2] Invasion du Koweït par l'Irak, politique serbe en ex-Yougoslavie.

nouvelles menaces que sont la prolifération nucléaire, la résurgence de nationalismes ou de mouvements ethniques, le renforcement des intégrismes religieux, le développement des trafics de toutes natures - parmi lesquels celui de la drogue revêt une importance considérable - la multiplication des circuits financiers illégaux, le terrorisme, le narco-terrorisme et l'éco-terrorisme. Ce sont autant de domaines dans lesquels l'avenir s'annonce incertain.

L'autre résultante de la disparition de l'ordre bipolaire est que, désormais, la géopolitique ne concerne plus uniquement les Etats, mais également des mouvements qui développent des stratégies indépendantes de tout contrôle gouvernemental (ONG, mafias, mouvements religieux radicaux, diasporas ethniques, etc.). En conséquence, les traditionnelles menaces de nature étatique se doublent aujourd'hui de nouveaux dangers provenant d'organisations transnationales du crime, du terrorisme de la contestation ou de la fraude. Ces acteurs sont des "nouveaux entrants", au sens de Michael Porter, qui bouleversent les règles du jeu. Ce sont ce que John Warden[1] appelle les "entités stratégiques". C'est-à-dire des organisations qui peuvent opérer de façon autonome, se diriger et se soutenir elles-mêmes. Longtemps, seuls les Etats-Nations - et avant eux les Empires - disposaient de ces capacités. Aujourd'hui, des organisations criminelles, de très grandes entreprises et certaines ONG se trouvent dans cette situation. Peu à peu, la puissance se désétatise.

Nous avons ainsi assisté en moins d'une décennie au passage d'un système bipolaire fermé, stable, à un système multipolaire ouvert, instable et imprévisible. Nous observons aujourd'hui une véritable fragmentation politique et la multiplication de nouveaux foyers régionaux d'instabilité. On ne peut en aucun cas regretter la dislocation de l'Union soviétique ni la fin de la Guerre froide. Mais force est de constater qu'elles eurent pour effet, pendant plus de quarante ans, de limiter l'expression des agressivités planétaires à

---

[1] Colonel John Warden III, "L'ennemi en tant que système", *Stratégique*, n° 59, 3/1995, Institut de Stratégie Comparée, p. 33.

certaines zones géographiques et à un seuil tolérable. Si durant cette période les conflits se multiplièrent, les deux superpuissances veillèrent toujours à ce qu'ils n'atteignent pas un degré paroxysmique. La situation n'est plus si simple aujourd'hui et la conjonction de l'autonomie d'action des nations du Tiers-monde couplée avec le surarmement et les proliférations nucléaire et chimique, assurent moins que par le passé que tous les risques d'escalade incontrôlable de la violence pourront être évités. D'autant que la disparition de l'ennemi commun et l'acuité des enjeux économiques amènent fréquemment les anciens alliés à se désolidariser, voire à s'opposer, sur de nombreux problèmes internationaux et en premier lieu sur les questions économiques et commerciales.

Economie, culture et technologies : les nouveaux fondements de la souveraineté et de la puissance

La victoire du libéralisme sur le communisme a permis à l'économie de marché de s'imposer. Son succès est dû à l'alliance privilégiée qu'il a su établir avec la démocratie qui, elle aussi, implique la liberté de choisir et de circuler. Ainsi le camp qui défendait la propriété privée, la liberté des échanges et la liberté politique, l'a emporté sur celui qui croyait libérer l'individu par l'abolition de l'appropriation et le refus de l'économie marchande. Mais ce succès a paradoxalement entraîné le renforcement du rôle de l'économie comme domaine principal de compétition entre les nations.

Les nouvelles rivalités géoéconomiques et les intérêts des Etats

Depuis la disparition du monde bipolaire, les rivalités et la compétition ne sont plus exclusivement idéologiques et militaires. Les rivalités entre Etats s'exercent de plus en plus fréquemment dans le domaine géoéconomique. La conquête des marchés a pris la place des conquêtes territoriales. Ce retour de l'économie comme domaine principal de la compétition entre les nations a laissé croire un temps que les entreprises allaient être les acteurs exclusifs du nouvel ordre mondial. Il n'en est rien, car les enjeux économiques demeurent pour les Etats d'une importance essentielle. Bien que certains auteurs aient tenté de remettre leur rôle en question, ils ont dû s'adapter à la nouvelle situation et réorienter leurs moyens face à ce nouveau contexte. "*C'est la prise en compte du facteur économique comme instrument de puissance qui a poussé les Etats à se mêler directement au développement économique*"[1]. Cette évolution était en effet pour eux absolument indispensable, car ils doivent être capables, malgré les évolutions de l'environnement, de préserver :

- leur indépendance économique et culturelle, c'est-à-dire leur liberté d'action et le modèle de société qu'ils se sont choisi ;
- leur prospérité et leurs ressources, lesquelles conditionnent leur capacité d'action mais aussi leur stabilité et leur cohésion interne ;
- leurs sphères d'influence politique, économique ou culturelle - s'ils en ont - qui leur confèrent leur rôle international.

Si l'affrontement économique est une constante des relations internationales - l'histoire a jadis connu, à plusieurs reprises, un tel paradigme - ce qui est nouveau c'est son caractère planétaire et l'intensité qui le caractérise. La notion de puissance a intégré la dimension économique comme jamais auparavant. Aujourd'hui, la projection de force ne se limite plus aux seules modalités militaires : implanter McDonald au coeur de Moscou est un acte à forte valeur culturelle et stratégique. Indéniablement, les rapports de force sont une réalité tangible et la compétition économique est une compétition dure. Pour bon nombre d'Etats, l'action des entreprises concourt à la souveraineté nationale.

En conséquence, la guerre pour les parts de marchés mondiaux que se livrent, dans tous les secteurs, les acteurs économiques est devenue un fait déterminant. Cette concurrence effrénée est bien réelle et ses lignes de force

---

[1] L. Hassid, P. Jacques-Gustave et N. Moinet, *Les PME face au défi de l'intelligence économique*, Dunod, 1997, p. 130.

orientent l'action des gouvernements et des entreprises. L'objet de cet affrontement est, pour chaque Etat, de créer chez lui ou à son profit, des emplois et des revenus et d'augmenter ses ressources et son influence. Or, comme il n'existe pas d'économie nationale prospère sans entreprises performantes, dynamiques, offensives, il doit donc encourager ses entreprises à innover, à exporter sans cesse davantage et à s'implanter à l'étranger. Celles-ci forment, par leur communauté de problèmes, de vocation et d'environnement, un ensemble qu'il convient de stimuler et un potentiel industriel qui doit être animé[1].

La responsabilité principale de l'Etat doit donc être de créer le meilleur environnement possible pour que les acteurs économiques nationaux puissent combattre avec efficacité et de "*maintenir l'intégrité du collectif le plus longtemps possible dans un univers devenu profondément hostile*"[2]. La responsabilité de la puissance publique apparaît donc considérable. Ce n'est qu'en préservant l'être et l'agir du collectif national que l'Etat assure sa pérennité et remplit son rôle. Le retour de l'économie comme principal terrain de la compétition entre les nations l'amène donc à préserver et à promouvoir :

- les acteurs économiques nationaux (entreprises publiques ou privées, collectivités territoriales, groupements d'intérêt professionnel, associations et organisations non-gouvernementales). Il s'agit autant de les protéger des menaces que de leur permettre de saisir toutes les opportunités de développement. Cela revient à adopter une triple logique de protection du patrimoine technique et industriel national (savoir et savoir-faire), d'encouragement à l'innovation (création d'une infrastructure du savoir, seul gage de réussite des sociétés modernes) et de promotion de ses entreprises sur les marchés étrangers (en leur garantissant un accès libre et permanent aux marchés mondiaux) ;

---

[1] B. Esambert, *op. cit.*, pp. 9-10 et 173-174.

[2] R. Meyer : "L'intelligence économique : du désir de compétitivité au geste offensif", ***Revue d'Intelligence Economique***, n° 1, AFDIE, mars 1997, p. 21.

- l'identité et les spécificités culturelles et linguistiques, qu'il s'agisse de la conception de l'homme et des relations internationales ou du modèle de société librement choisi.

Depuis une dizaine d'années, on observe quotidiennement les interférences des acteurs étatiques dans la compétition économique pour la préservation ou la promotion de leurs intérêts nationaux. Cette concurrence entre les Etats industriels révèle la tendance à l'hégémonisme économique de certains d'entre eux et se double d'une rivalité culturelle sous-jacente : en amont même des aspects économiques, les affrontements entre Etats tournent autour de l'exportation d'un modèle de société au sens large.

Paradoxe de l'internationalisation croissante, l'immense majorité des entreprises garde une base nationale car la mondialisation a provoqué un regain de nationalisme économique et les politiques industrielles des Etats viennent de plus en plus en support des stratégies de leurs entreprises nationales. On ne parle plus guère aujourd'hui du danger des grandes groupes multinationaux apatrides, même s'il demeure parfois difficile de définir ce qu'est la nationalité d'une entreprise, tant la composition du capital peut varier dans le temps.

La compétition pour l'indépendance technologique, clé de la souveraineté

En raison de la diversification des enjeux, les ressorts de la puissance sont aujourd'hui devenus plus variés : au poids du nombre et des armes, s'ajoutent désormais les performances économiques, des élites compétentes et reconnues, une bonne cohésion de la société, une culture rayonnante, des capacités scientifiques et techniques et l'aptitude à l'innovation dans tous les domaines.

En particulier, la technologie est devenue l'un des enjeux majeurs de la compétition mondiale, à la fois pour des raisons économiques mais également parce que l'indépendance technologique est devenue la clé de la souveraineté. Ainsi, les technologies émergentes constituent un formidable levier d'innovation et leur maîtrise peut être dorénavant considérée comme aussi primordiale pour le statut de puissance que la capacité à projeter des forces militaires à l'échelle de la planète. La sécurité et l'indépendance des nations se trouvent dorénavant concernées au premier degré par des technologies de pointe qui se révèlent être à la fois fondements et enjeux de pouvoir. En effet, l'acquisition d'avantages scientifiques et technologiques dans un certain nombre de secteurs-clés offre à ses détenteurs une position dominante sur la scène internationale. Un acteur qui découvre et exploite le premier une nouvelle technologie, s'approprie la mainmise sur l'essentiel de ses applications et créé pour lui-même d'importants avantages industriels et commerciaux. Ainsi, la maîtrise d'une technologie de pointe peut affecter le développement d'un large éventail d'activités, en raison des importants effets de diffusion interindustriels qui existent.

Longtemps apanage d'une minorité de domaines qualifiés de "secteurs de pointe" - le plus souvent de nature militaire et portés par la course aux armements - les hautes technologies sont désormais présentes dans tous les domaines industriels. La modification du contexte stratégique et la réduction quasi générale des budgets militaires ont entraîné la remise en cause du rôle des industries de défense en matière d'innovation technologique. Tant que les menaces étaient clairement définies, elles jouissaient d'une situation relativement confortable : les besoins militaires étaient alors à l'origine de la majorité des innovations technologiques - lesquelles trouvaient ensuite une application sur le marché civil - et les industries d'armement en étaient les producteurs quasi exclusifs. Les marchés se caractérisaient par la recherche de la performance opérationnelle, la logique financière passant au second plan.

Le monde a changé et les industries d'armement partagent désormais ce rôle avec de nouveaux secteurs industriels civils. Les progrès dans les domaines des télécommunications, de l'informatique, des composants électroniques, des technologies des nouveaux matériaux et des nouvelles technologies énergétiques bouleversent l'environnement et dessinent les nouvelles lignes de force de l'économie mondiale. Ainsi, des technologies essentiellement civiles sont progressivement devenues stratégiques en terme de souveraineté et ont pris place aux côtés des hautes technologies de défense comme affirmation de la suprématie d'un Etat, sans dépendre des crédits ou des marchés militaires. Par exemple, l'industrie des composants électroniques, naguère "tirée" par les besoins militaires ou spatiaux, a conquis un marché civil beaucoup plus vaste, lequel détermine désormais ses orientations et ses progrès, reléguant celui des applications militaires et spatiales à une dimension marginale : la part de ce dernier est passé de 80% en 1960 à environ 1% en 1995. Irrémédiablement, la nature de la dualité des technologies s'est inversée et des innovations issues des marchés civils se trouvent de plus en plus fréquemment à l'origine d'applications militaires.

Il devient donc indispensable de parler de technologies de souveraineté. Celles-ci recouvrent : les technologies de défense, *stricto sensu* ; les technologies de l'aéronautique et de l'espace ; les technologies de l'énergie, en particulier le nucléaire ; les technologies des télécommunications, de l'information et du multimédia. D'autres technologies sont certes essentielles aux progrès de la connaissance et de l'Humanité - par exemple les biotechnologies qui préparent la maîtrise du vivant - mais elles n'apparaissent pas à proprement parler comme des technologies de souveraineté.

Ainsi, Internet et les technologies de l'information sont au coeur des enjeux de pouvoir planétaires : plus que la force militaire, que la puissance économique ou que les ressources en matières premières, c'est la maîtrise des systèmes d'information et de communication qui crée les conditions les plus appropriées de la suprématie mondiale. Comme l'a illustré la guerre du Golfe, l'opinion mondiale n' a rien connu du vrai conflit. Ellen'a vu qu'un série de reportages réalisés par l'un des belligérants, comme un demi-siècle auparavant nos grands-parents avaient vécu Okinawa au cinéma[1]. Toutefois le développement des réseaux d'information apparaît à la fois

---

[1] Gérard Théry, "Une nouvelle perspective de puissance, une nouvelle dimension stratégique", *Enjeux Atlantiques*, n° 14, février 1997, p. 10.

comme un facteur de puissance et une source de vulnérabilité. L'emprise des Etats sur ce phénomène devient de plus en plus malaisée - en raison de son caractère immatériel - alors même qu'il influe directement sur leur sécurité. Aujourd'hui, il leur est de plus en plus difficile de demeurer pleinement maîtres du jeu. Conséquence de la révolution de l'information, peu à peu, l'activité économique se soustrait à leur pouvoir politique. La déréglementation permet au capital et aux marchés financiers de prendre les Etats à revers et de se poser en pouvoir suprême à l'échelle planétaire[1].

Dans ce nouveau contexte de compétition économique et technologique, les Etats et les entreprises les plus performants sont ceux qui consentent à d'importants efforts en matière de recherche et de développement et qui encouragent l'innovation sous toutes ses formes, dans tous les secteurs. Les choix technologiques s'affirment comme des décisions stratégiques de première importance et la compétitivité des secteurs de pointe - même si ceux-ci ne représentent qu'une partie du système productif - apparaît comme le premier indicateur de la capacité d'une économie ou d'une entreprise à tirer parti de l'innovation. Aujourd'hui, l'excellence technologique, un système industriel compétitif et la maîtrise des savoir-faire financiers sont les attributs modernes de la puissance. A défaut de véritable stratégie technologique, seule susceptible d'assurer des avantages significatifs dans la compétition planétaire, existe le danger réel d'une extraversion de l'économie - c'est-à-dire sa structuration par l'extérieur - et le risque sans cesse accru de subir, pour les moins innovants, une domination, politique, économique et culturelle imposée par d'autres.

L'ère des technologies de souveraineté annonce une redistribution des positions dominantes entre économies et entreprises concurrentes et pose la question de la maîtrise des opportunités générées par les technologies émergentes. Ces technologies et les politiques industrielles qui les sous-tendent apparaissent désormais comme un critère essentiel du dynamisme des Etats et de leur place dans le monde moderne.

---

[1] A. Gorz, *op. cit.*, p. 14.

Elles permettent d'apprécier sous un nouvel angle les risques internationaux qui en résulteront, car l'inéluctable modification des positions compétitives qu'elles annoncent débouchera à terme sur une nouvelle hiérarchisation internationale, aussi bien en termes de richesse qu'en termes de puissance.

CE QU'IL FAUT RETENIR

Depuis que la menace fondamentale que faisait peser l'Union soviétique a disparu, le monde se caractérise par une forte instabilité. Les rivalités entre Etats ne sont plus exclusivement géopolitiques ou géostratégiques ; elles sont désormais aussi, si ce n'est essentiellement, géoéconomiques et technologiques. De plus, en raison de la révolution des NTIC, il existe dorénavant des mondes et des théâtres d'opération virtuels, civils ou militaires, qui occupent une place de plus en plus importante dans la vie des hommes, tout au moins des nations développées.

D'idéologique, la scène compétitive est devenue générale et l'imbrication des enjeux politiques, économiques et militaires s'affirme comme la caractéristique majeure du nouvel environnement international. Si l'on observe la substitution des rivalités géoéconomiques aux rapports de forces géostratégiques, le changement de paradigme n'a pas cependant fait table rase des rivalités antérieures, dont un grand nombre demeurent. Au contraire, il les exacerbe. Surtout, le transfert de conflictualité du domaine idéologique vers le domaine économique a pour effet de transformer la concurrence commerciale traditionnelle en une compétition de plus en plus dure, caractérisée par une radicalisation des termes des échanges.

CHAPITRE III

LA TRANSFORMATION DES RÈGLES DU JEU CONCURRENTIEL

Les influences combinées des mutations technologiques et des bouleversements géopolitiques transforment radicalement le contexte des activités économiques : en modifiant en profondeur les processus d'innovation et de production, d'échange et de concurrence, ils conduisent à un durcissement de la compétition économique, laquelle se trouve accentuée par les rivalités interétatiques qui s'exercent désormais sur tous les marchés mondiaux.

L'accroissement de l'intensité concurrentielle

Si le décloisonnement planétaire a rendu possible l'accès à des économies auparavant fermées, il a parallèlement entraîné l'apparition de nouveaux concurrents en provenance des pays du Tiers-monde ou de l'ex-empire soviétique. Par ailleurs, la disparition de l'ennemi commun et l'acuité des enjeux commerciaux amènent de plus en plus fréquemment les entreprises occidentales à s'affronter sur de nombreux contrats internationaux. Il en résulte un accroissement de l'intensité concurrentielle et un durcissement de la compétition, laquelle s'étend dorénavant à tous les domaines d'activités. Cette modification du champ concurrentiel bouleverse les équilibres traditionnels, transforme les règles du jeu, engendre la précarité des marchés et l'instabilité de la compétition. Elle se mesure principalement à travers deux phénomènes : l'internationalisation croissante de l'économie et la course effrénée à l'innovation. Elle met également en lumière deux conséquences nouvelles : les interdépendances accrues entre acteurs et le développement des activités économiques illégales.

L'internationalisation croissante des activités économiques

La mondialisation apparaît clairement comme la caractéristique majeure de la nouvelle situation mondiale. Elle est mesurable à travers quatre phénomènes :
- la multiplication des investissements étrangers croisés entre pays industriels, grâce à la déréglementation et à la révolution des moyens informationnels ;
- l'essor quantitatif des échanges internationaux, proportionnellement à l'accroissement de la production mondiale, et la modification de leur contenu au profit des produits manufacturés et au détriment des matières premières ;
- la participation active des nouveaux pays industrialisés et des pays en voie de développement aux échanges, aux côtés des trois pôles de l'économie mondiale (Amérique du Nord, Europe, Japon) ;
- la globalisation financière due au décloisonnement et à la déréglementation des marchés financiers ainsi qu'à la mobilité instantanée de l'argent grâce à l'interconnexion informatique. On observe par ailleurs une déconnexion croissante entre la sphère financière spéculative, la production et l'échange.

Parallèlement, on assiste à une véritable mise en présence des peuples à travers le développement des transports internationaux, du tourisme et l'explosion des flux d'information. La mondialisation remet en cause les fondements traditionnels des civilisations qui se désenclavent et se relativisent. Partout, les échanges progressent plus vite que la production. Les possibilités d'accès à de nouveaux marchés sont de plus en plus nombreuses. Avec la disparition des cloisons commerciales qui existaient entre les zones d'influence du temps de la bipolarisation, les marchés mondiaux sont désormais totalement ouverts, même si cela s'accompagne d'une exacerbation de la concurrence. Cette nouvelle situation a provoqué une vague de fusions-acquisitions, de création de *joint-ventures*, car l'heure est aux alliances transnationales pour la conquête de nouveaux marchés.

Logiquement, le poids du contexte international est devenu prédominant dans l'activité des entreprises, exposées à des contraintes extérieures de plus en plus marquées. Même celles qui n'agissent que sur leur marché domestique, affrontent une concurrence locale de plus en plus internationale et se voient contraintes de s'internationaliser. La mondialisation transforme par ailleurs les liens économiques et sociaux des firmes avec les territoires. Une entreprise peut désormais, si elle les trouve trop lourdes, s'exonérer des charges de la dette publique ou des retraites d'un pays donné en se délocalisant.

Mondialisation et globalisation

Cependant, l'état de globalisation - à ne pas confondre avec la mondialisation - demeure encore très relatif. L'un des premiers théoriciens de la globalisation, Théodore Levitt, écrivait, en 1983 : "*La société globale opère avec constance et résolution, à des coûts relativement bas, comme si le monde entier, ou les principales régions, constituaient une entité unique ; elle vend la même chose, de la même manière, partout*"[1]. Ce que l'on appelle le "marché mondial" représente environ 1 milliard de personnes, soit essentiellement les économies d'Amérique du Nord, d'Europe et d'Extrême-Orient (Japon et "tigres"). Le marketing mondial qui se met en place doit répondre aux besoins de cette population d'un milliard de consommateurs. Mais le village mondial ne va guère au-delà de ce cercle limité et 5 milliards d'individus ne sont pas concernés par la globalisation : 1 milliard pourrait l'être à court terme, 2 milliards ne le seront pas avant une ou deux générations et les 2 autres milliards d'individus n'ont aucun espoir de l'être au cours des deux prochaines générations.

---

[1] Theodore Levitt, "The globalization of markets", *Harvard Business Review*, mai-juin 1983, pp. 92-102.

La course effrénée à l'innovation

L'innovation est l'un des moteurs de la compétition économique. Ce rôle n'est pas nouveau, les grandes ruptures techniques dans l'agriculture, la navigation et l'industrie n'ont cessé de l'illustrer à travers les siècles. Tout progrès dans une branche crée une demande dans les branches complémentaires et agit comme une incitation à l'innovation. Toutefois l'accélération exponentielle du progrès technologique et l'acuité de la rivalité commerciale entre pays industrialisés lui confèrent sans cesse plus d'importance comme arme concurrentielle. Elle est désormais au coeur de la stratégie des entreprises, lesquelles prennent conscience de son importance pour leur compétitivité, ce qui les conduit à donner la priorité à l'acquisition de connaissances et de savoir-faire dans leur stratégie.

Innover est devenu un impératif : il faut, mieux que les concurrents, optimiser un capital humain et un portefeuille technologique interne à l'entreprise. Les sociétés les plus performantes innovent très tôt et très souvent. Elles génèrent un flot continuel de produits ou de services et leur façon de travailler évolue sans cesse, ce qui les aide à maintenir leurs positions dominantes. Elles font preuve de ce que l'on pourrait appeler une "dynamique d'adaptabilité", c'est-à-dire qu'elles ont la certitude qu'il reste toujours quelque chose à faire, qu'un produit, un service ou un poste de travail n'est jamais parfait et que quelque chose peut toujours être amélioré. Cette course effrénée à l'innovation se voit renforcée par le rôle qu'occupe désormais l'excellence technologique pour la souveraineté des Etats.

Interdépendance et multilatéralisation

La mondialisation a pour conséquence la multiplication des interdépendances. Le nouveau contexte génère une dynamique d'interaction globale, qui intègre dans une même spirale les phénomènes économiques et culturels, politiques et militaires. Il en résulte une situation d'interdépendance généralisée où chaque phénomène déclenche des effets dans tous les autres domaines, en raison de l'interconnexion des marchés et de la fluidité de l'information. Les Etats-nations qui dominaient la scène internationale y perdent une partie de leur souveraineté et de nouveaux acteurs - marchés financiers, entreprises mondiales et fonds de pension - développent désormais des stratégies propres. La nouvelle situation mondiale se caractérise ainsi par la complexité des situations à gérer et l'impact étendu de la moindre action individuelle, pouvant générer des réactions en chaîne, aux conséquences imprévisibles.

Cette nouvelle situation d'interdépendance signifie qu'aucun acteur ne peut plus trouver seul une solution aux problèmes rencontrés. Les grands problèmes contemporains ne peuvent désormais être abordés et résolus que dans un cadre planétaire. Ce phénomène s'observe dans tous les domaines des activités humaines. Il se traduit pas l'édiction de règles et de normes de plus en plus nombreuses et par la nécessité de négociations afin de définir celles-ci. En effet, nos sociétés sont chaque jour davantage régies par des normes communautaires ou mondiales. Les appels d'offres rédigés par la Banque mondiale sont des références, de même que dans un autre ordre d'idée, les normes électriques ou les diamètres des tuyaux sont peu à peu uniformisés au niveau européen, puis bientôt mondial. Le rôle des organisations internationales dans la régulation de l'économie mondiale se développe ainsi chaque jour davantage. Qu'elles soient politiques (Parlement européen, Conseil européen, Assemblées générales de l'ONU et de l'OTAN) ou financières (Commission européenne, Banque mondiale, FMI, BERD, BEI), ou encore qu'elles aient un rôle d'instances de régulation mondiale (OMC), leur importance va croissant. Ajoutons à cela tous les organismes sectoriels qui font le droit et la coutume dans leur sphère, aussi spécialisée soit-elle. Ils définissent non seulement le droit, positif ou jurisprudentiel, mais véhiculent aussi des doctrines et des grands courants d'idées. Les règles qu'ils établissent, jusqu'aux plus techniques, s'inscrivent dans le cadre de ces courants de pensée. Le rôle de ces organisations internationales comme régulateurs et faiseurs de droit est appelé à s'accroître davantage au XXIe siècle[1].

Le développement d'économies parallèles de caractère criminel

La mondialisation des échanges entraîne une nette atténuation des frontières géographiques, lesquelles existent moins que jamais pour les organisations criminelles ou mafieuses. Elle s'accompagne donc d'une internationalisation de la criminalité économique. Interpol observe avec inquiétude la diversification et l'accroissement significatif de ces actions illégales.

Les opérations illicites s'infiltrent dans les activités traditionnelles des entreprises par de multiples biais (placements immobiliers, participations financières, rachats de PME, blanchiment d'argent) et gangrènent de plus en plus fréquemment les activités économiques saines. Il est parfois difficile de déterminer la fiabilité d'un partenaire. Mais il advient aussi que certaines entreprises, devant l'intensité de la concurrence, ferment les yeux sur des fonds d'origine illicite, des intermédiaires douteux et des opérations commerciales frauduleuses. Si les échanges internationaux ont toujours donné lieu à des dérives, celles-ci se voient décuplées par la radicalisation de la compétition et la société de l'information. Par ailleurs, la contrefaçon, favorisée par les délocalisations dans le Tiers-monde, est un fléau qui s'amplifie, car il est à la fois très rémunérateur pour les faussaires et ne présente quasiment aucun danger, à la différence, par exemple, du trafic de drogue, très sévèrement sanctionné. Tous les secteurs sont aujourd'hui concernés (luxe, multimédia, jouets, automobiles, pharmacie, électronique, pièces de rechange pour l'aéronautique, etc.). Il existe encore un vide juridique à combler en ce domaine.

---

[1] Claude Revel, "Lobbying et relations internationales", *Acomex*, revue de la CCIP, juillet-août 1999, n°28.

A la conception harmonieuse du marché - la main invisible d'Adam Smith - succède donc aujourd'hui une représentation nouvelle influencée par le courant néo-schumpéterien, surtout aux Etats-Unis. Le marché n'est pas un lieu d'échanges neutre, mais une jungle où les entreprises se créent et disparaissent dans une lutte permanente[1], caractérisée par le durcissement et l'instabilité de la compétition. Cette représentation est au demeurant exacerbée par l'interférence des rivalités étatiques dans le jeu économique.

Une compétition économique faussée par les rivalités géoéconomiques de puissance

Dans le nouvel environnement mondial, la situation pourrait laisser croire à une victoire intégrale du libéralisme - certes dans sa forme la plus débridée - et des lois du marché et de la concurrence. Pourtant il n'en est rien. Depuis la fin de la rivalité stratégique Est-Ouest, la nouvelle situation mondiale, en consacrant le retour de l'économie comme domaine principal de la compétition entre les nations, a entraîné un changement de logique et de terrain des affrontements internationaux. En effet, les rivalités d'Etats ne sont pas absentes du champ économique. Elles s'observent à travers les pressions politiques croissantes sur les contrats commerciaux et l'apparition de nouvelles pratiques concurrentielles particulières. La loi de l'offre et de la demande fonctionne de moins en moins malgré les discours répétés sur le libre-échange. Il y a aujourd'hui rencontre, interpénétration et percussion des sphères d'intérêt et d'action des Etats et des entreprises. Les échanges économiques sont considérablement perturbés par l'interférence d'intérêts d'Etats, même si ceux-ci prônent le respect des lois du commerce mondial.

---

[1] Bruno Carrier, "Les conflits économiques, forme de guerre multidimensionnelle ?", *Défense*, UAA/IHEDN, n° 65, septembre 1994, p. 53.

Les nouveaux comportements des Etats

Dans la mesure où ils dominent de moins en moins l'investissement et le commerce, le nouveau contexte de compétition économique, culturelle et technologique amène les Etats à participer au combat aux côtés de leurs entreprises. Désormais, ils définissent et mettent en oeuvre des politiques de conquêtes à caractère économique et culturel. Le recours aux expressions militaires pour décrire les nouvelles attitudes géoéconomiques est en particulier caractéristique des Américains, comme en témoigne le discours d'Edward Luttwak : "*les capitaux investis ou drainés par l'Etat sont l'équivalent de la puissance de feu ; les subventions au développement des produits correspondent au progrès de l'armement ; la pénétration des marchés avec l'aide de l'Etat remplace les garnisons militaires déployées à l'étranger, ainsi que l'influence diplomatique. Ces diverses activités - investir, chercher, développer et trouver un marché - sont également le lot quotidien des entreprises privées qui les exercent pour des motifs purement commerciaux. Mais quand l'Etat intervient, lorsqu'il encourage, assiste ou dirige ces mêmes activités, ce n'est plus de l'économie pur sucre, mais de la géoéconomie*"[1].

Certains Etats se sont déjà organisés afin d'exploiter systématiquement les potentiels de complémentarité de leurs acteurs économiques en vue de l'accroissement de la prospérité nationale : "*l'enjeu est de renouer le lien entre les performances individuelles des entreprises, la compétitivité du système productif et l'économie nationale*"[2]. Il s'agit bien de concilier les deux problématiques de la compétition actuelle, "*celle de l'élaboration de stratégies collectives - notamment la coopération entre gouvernements et entreprises dans la production de l'avantage concurrentiel - et celle de l'importance de la connaissance dans l'économie et l'industrie*

---

[1] Edward N. Luttwak, *Le rêve américain en danger*, Odile Jacob, 1995, p. 34.

[2] Gabriel Colletis : "Intelligence économique : vers un nouveau concept en analyse économique ?", *Revue d'Intelligence Economique*, n° 1, AFDIE, mars 1997, pp. 26-27.

comme moteur stratégique du développement et du changement"[1]. En effet les nouvelles technologies de l'information forcent à reconsidérer les modes d'organisation et de partage du pouvoir pour associer plus largement tous les acteurs participant au processus de création de richesses.

L'intervention des Etats relève davantage de l'affrontement économico-culturel que de la seule compétition commerciale. Leurs préoccupations sont spécifiques. Par exemple : comment conquérir la majorité des centres de décision d'un pays donné ? Comment imposer ses normes culturelles et économiques ? Quelles contreparties commerciales exiger en échange d'un soutien politique ou financier ? Leur but est de garantir le succès de leurs entreprises, même lorsque l'excellence de l'offre n'est pas établie. C'est-à-dire qu'il s'agit de gagner coûte que coûte contre la concurrence et de parvenir à l'éliminer. Ils cherchent ainsi d'abord à prendre le contrôle d'un marché, puis à façonner ses goûts et ses besoins - voire à les conditionner - et enfin à lui imposer ses produits. Ce qui est visé, ce sont les centres nerveux d'une nation - administratifs, politiques ou économiques - ayant un pouvoir de décision ou d'influence sur le reste de la communauté. Il s'agit d'adapter, parfois longtemps à l'avance, le client à son offre, de détruire celle de la concurrence, mais aussi de substituer l'influence politique et culturelle de son Etat à celui de la partie adverse, quitte à recourir à des méthodes indirectes de pénétration[2]. Le but de ces actions est de changer les règles du jeu et des marchés ; elles s'attachent plus à battre l'ennemi qu'à s'adapter aux clients. Ainsi, les Etats font tout leur possible pour rendre les marchés réceptifs aux produits qu'ils réalisent via leurs entreprises. Dans cette perspective, les acteurs économiques d'un pays s'organisent pour faire de l'information un instrument de développement économique et de défense de ses intérêts vitaux.

Les pays libéraux les plus avancés économiquement ont tous mis en place des systèmes d'intelligence économique avec

---

[1] G. Colletis, *op. cit.*, pp. 26-27..

[2] Cf. Chapitre V.

l'appui de l'Etat. Il existe peu de pays où les pouvoirs publics ne se soient manifestés pour appuyer leur recherche, leur industrie et leurs exportations : *Advocacy Policy* (Etats-Unis), MITI (Japon), ministère de la Recherche ou *länders* (Allemagne). L'Etat y contrôle généralement l'arborescence des structures mises en place, à la façon d'une *holding*. Il anime également l'activité en terme de renseignement économique et commercial et nombre de responsables de ces nouvelles structures sont des anciens des services spéciaux. Cette démarche est le fondement même de leur réussite et de leurs succès sur leurs concurrents et rivaux :

- le Royaume-Uni, par nature, a toujours su intégrer le renseignement dans son action internationale ;
- l'Allemagne, depuis la Ligue hanséatique et surtout depuis Bismarck, a développé une organisation efficace, centrée autour d'un noyau industries-banques-assurances ;
- le Japon, depuis 1945, a mis en place son célèbre MITI et les nombreuses organisations qui y sont rattachées ;
- les Etats-Unis acceptent de moins en moins de voir leur suprématie menacée, dans quelque domaine que ce soit, par une puissance, même secondaire, et font ce qu'il faut pour neutraliser leurs concurrents *(National Economic Security Council, Advocacy Policy, War Room)* ;
- les pays scandinaves savent réunir des acteurs variés - y compris les églises et les ONG - en une même organisation pour conduire des projets internationaux ciblés.

Ainsi, dans cette compétition économique où la concurrence internationale s'oppose sur le moindre contrat, les campagnes commerciales des entreprises exportatrices sont s'appuient sur des opérations de renseignement, d'influence et par des pressions gouvernementales de toutes sortes.

Les acteurs économiques au premier rang de la compétition géoéconomique

L'entrelacement des données politiques, économiques et culturelles est l'un des traits marquants du nouveau système international. Il renforce l'opacité de la compétition commerciale et la complexité des enjeux. La compétition économique ne fait pas de cloisonnement entre les rivalités commerciales et les rivalités politiques. Cette imbrication difficile à contrôler est un facteur d'instabilité et de turbulence majeure pour les échanges. Jamais les conjonctures politiques n'ont exercé autant d'influences perturbatrices sur le fonctionnement des marchés. Le facteur politique doit désormais être pris en compte dans des régions où les acteurs s'en remettaient généralement au seul jeu économique, c'est-à-dire dans les pays de l'OCDE[1].

Les marchés ne se gagnent pas seulement sur le prix et la performance d'un produit ou la qualité d'une offre. Ceux qui continuent de le penser sont d'ores et déjà hors-jeu. Les contrats ont une forte signification politique - quoique de nature très différente de par le passé - et sont obtenus souvent, soit par pression - menace de ne plus disposer de certains avantages offerts par le pays vendeur - soit par l'offre d'avantages politiques ou économiques accompagnant le contrat ; ceux-ci permettent d'ailleurs au vendeur de prendre pied encore plus solidement sur le marché ou dans l'économie nationale visée, ce genre d'action bénéficiant, à terme, toujours plus au donateur qu'au récipiendaire. Les marchés ont enfin de fortes conséquences culturelles, car ce n'est un mystère pour personne que les modes de consommation influent ou transforment les comportements individuels et collectifs.

Cette nouvelle donne place les entreprises au premier rang des combats pour la suprématie mondiale. Quelles que soient leurs activités, elles se trouvent désormais confrontées à des situations inédites qui les conduisent à reconsidérer leur action en fonction de nouveaux paramètres. Projetées au premier rang de la compétition géoéconomique, elles doivent, nonobstant les efforts de compétitivité, apprendre à s'adapter à une compétition économique à forte interférence étatique. Elles doivent désormais se doter de moyens leur permettant de parvenir à une capacité de compréhension globale de

---

[1] Cf. les pressions américaines exercées pour les ventes d'armements dans les pays de l'Union européenne (Pays-Bas, Finlande, etc.).

l'environnement et développer de nouvelles stratégies afin de sortir victorieuses de la compétition.

CE QU'IL FAUT RETENIR

Si les marchés ont toujours été complexes, ils le sont davantage aujourd'hui. Les entreprises sont désormais confrontées à des interférences majeures avec la compétition politique internationale, ce à quoi peu d'entre elles ont été préparées. Ne pas reconnaître ni accepter la logique de rapports de force qui caractérise l'économie mondiale contemporaine, en limitant la perception des évolutions à la révolution des NTIC est un aveuglement lourd de conséquences. D'autant que certains Etats n'hésitent pas, lorsqu'ils en ont les moyens, à précéder et à appuyer leurs acteurs économiques en créant les conditions favorables à leur action. Ainsi, depuis dix ans s'observe une forte dégradation des moeurs et des pratiques commerciales, de même qu'une brutalité concurrentielle accrue. La première puissance mondiale, quel que soit son discours sur la libre concurrence et la véhémence de ses dénonciations des aides nationales à l'exportation, en est le plus flagrant exemple. L'acuité de la compétition économique actuelle rend indispensable de décrypter derrière le discours de Washington, la stratégie d'expansion américaine et ses conséquences pour l'autonomie des autres nations.

CHAPITRE IV

LA DOMINATION SANS PARTAGE DES ETATS-UNIS

Suite à la disparition de l'Union soviétique, les Etats-Unis demeurent la seule superpuissance du système international. Leur prééminence mondiale est aujourd'hui indiscutable, d'autant qu'elle n'est pas exclusivement militaire, mais aussi économique, culturelle et technologique. Une telle situation est le résultat des efforts prospectifs conduits par Washington dès le début des années 1980. Les Américains ont su réévaluer leur rôle international, se fixer de nouveaux objectifs dans le monde de l'après Guerre froide, allant jusqu'à modeler celui-ci à leur avantage. Le seul fait que notre système mondial soit dominé par un seul Etat, réunissant entre ses mains l'ensemble des attributs de la puissance, est une donnée inédite qui accroît encore l'originalité de la nouvelle situation mondiale. D'autant que la perte d'un adversaire à sa mesure tend parfois à faire perdre le sens des réalités à Washington qui, désormais, agit de façon unilatérale quelles que soient les apparences diplomatiques que revêtent ses actions. Pour ces raisons, il est indispensable de comprendre le raisonnement américain de cette fin de XXe siècle et d'en observer les manifestations.

La réévaluation du rôle des Etats-Unis dans le nouveau système international

Depuis ses origines, la politique étrangère des Etats-Unis a été marquée par la succession de conceptions déterminées par sa perception du monde et l'évolution de ses intérêts. Ces remises en question régulières sont intervenues chaque fois qu'un événement majeur se produisait et qu'il révélait l'inadéquation de la politique étrangère américaine face aux impératifs de sa sécurité nationale. Cela a été le cas avec la disparition de l'URSS. L'implosion de l'Union soviétique a amené les Etats-Unis a réévaluer leur place dans le monde, à penser de nouveau leur politique extérieure, laquelle ne peut plus être formulée, comme elle l'était depuis Pearl Harbor, qu'en réponse à une menace posée par un ennemi idéologique[1].

Les Américains se sont en premier lieu interrogés sur les conséquences de leur victoire et sur ce qu'allait être le nouveau système international. Ils en ont déduit que le communisme n'avait pu résister à la diffusion de leur modèle de démocratie et d'économie, ce qui les a convaincus du bien-fondé et de la supériorité de leurs valeurs. Puisque l'histoire leur a donné raison sans qu'ils aient cherché à être dominateurs, ils ont décidé d'étendre leur modèle au monde entier pour le bien de l'Humanité et le bénéfice des Etats-Unis.

Les fondements du messianisme américain

Les Etats-Unis se considèrent actuellement comme responsables du destin de l'Humanité et donnent libre cours à leur penchant dominateur. Leur objectif est la promotion de la démocratie de marché et l'exportation du système libéral. Les Américains ne recherchent pas la domination en soi, mais l'imposition de leur modèle pour le bien du plus grand nombre. Leur attitude repose sur la conviction que la primauté accordée à la recherche du profit peut assurer un enrichissement planétaire, permettant d'éradiquer la pauvreté et d'accéder à un bien-être universel générateur de bonheur et de paix. Les Etats-Unis sont aujourd'hui convaincus que l'avenir du système international passe par l'établissement d'une culture démocratique globale dont ils incarnent, seuls, l'exemple. Bien

---

[1] Bruno Colson, *La stratégie américaine et l'Europe*, Hautes Etudes Stratégiques n° 7, ISC/FED/EPHE, 1997, p. 11.

entendu, il s'arrogent le droit de conduire cette évolution bénéfique de la vie du monde[1].

Les Américains considèrent leur pays comme "l'empire du bien", comme l'unique Etat dévoué aux notions universelles de liberté et de justice, ce qui lui donne, à leurs yeux, des responsabilités mondiales. Cela transparaît dans les nombreuses publications qui ont accompagné la chute de l'URSS et la réévaluation du rôle de l'Amérique.

"Les Américains ne doivent pas nier que de toutes les nations du monde, c'est la leur qui est la plus juste, la plus tolérante, la plus désireuse de se remettre en question et de s'améliorer en permanence, et le meilleur modèle pour l'avenir"[2].

"L'Amérique est devenue la seule nation indispensable (...). La plus grande démocratie du monde doit prendre la tête des démocraties (...) de sorte à poursuivre la mission éternelle de l'Amérique"[3].

Ce messianisme américain n'a toutefois rien de naïf et charité bien ordonnée commence par soi-même. N'oublions jamais que *"the business of America is business"*. Puisque l'histoire leur a donné raison, les Etats-Unis entendent aujourd'hui obtenir partout où cela est possible la première place. Ils ne sont pas lancés dans une croisade pour la démocratie, mais dans un engagement pragmatique visant à soutenir des démocraties de marché là où les intérêts stratégiques américains sont en jeu. Les Etats-Unis peuvent vivre avec des démocraties sociales de type européen, mais ils doivent essayer d'en déterminer l'évolution. Pragmatique, l'attitude américaine consiste à combiner intérêts et idéaux. *"Nous devons continuer à façonner un système économique global qui travaille pour l'Amérique"*[4]. Cette approche

---

[1] Arnaud de Foïard, "Libéralisme et humanisme", *Défense Nationale*, novembre 1999, p. 7.

[2] David Rothkopf, "In praise of cultural imperialism ?", *Foreign policy*, n° 107, Washington, été 1997.

[3] Président Clinton, discours d'inauguration de son second mandat.

[4] "Madeleine Albright statement before SFRC, january 8", *United States*

géoéconomique a pour but de servir "*les intérêts de l'Amérique, c'est-à-dire à court terme le maintien de son statut de superpuissance planétaire et, à long terme, l'évolution vers une coopération mondiale institutionnalisée (...). Les trois grands impératifs stratégiques se résumeraient ainsi : éviter les collusions entre vassaux et les maintenir dans l'état de dépendance que justifie leur sécurité ; cultiver la docilité des sujets protégés ; empêcher les barbares de former des alliances offensives*"[1].

Ainsi, le partenariat n'est nullement à l'ordre du jour pour les Etats-Unis. Dans les Balkans, au Moyen-Orient ou ailleurs, c'est Washington, seul, qui détermine la politique qu'il convient de conduire. Toutefois, la Maison-Blanche ne compte pas principalement sur la force militaire pour imposer cette supériorité. L'objectif américain n'est pas le règne mais la prospérité, convaincus qu'ils sont que de la prospérité vient le règne. Leur stratégie repose sur une compétition économique aussi tendue et intense que tolérable. Reste à savoir où se situe le seuil de tolérance pour les uns et pour les autres. Car, en économie comme en politique internationale, les Etats-Unis ne sont nullement partisans de l'établissement d'un partage pacifique du monde : ils veulent être les maîtres absolus des marchés.

D'ailleurs la logique de l'administration américaine est la création de valeur : elle regarde le monde comme un marché et le PNB des Etats-Unis comme un chiffre d'affaires qui doit toujours être en hausse. Dès lors, il est logique que gouvernement et entreprises se rejoignent afin de concevoir une stratégie leur permettant de gagner toujours plus de parts de marchés et d'en écarter tout concurrent. Les Etats-Unis sont déterminés à se mobiliser pour gagner la compétition économique comme la déclarait Warren Christopher : "*nous devons mettre autant d'énergie à conquérir les marchés que nous avons dépensé pour gagner la Guerre froide*".

Information Service, 9 janvier 1997, p. 8.

[1] Zbigniew Brzezinski, *Le Grand échiquier, L'Amérique et le reste du monde*, Pluriel inédit, Hachette, 1997, p. 68.

L'expansion américaine au-delà des mers se fonde sur l'emploi de moyens militaires et technologiques, économiques et culturels, d'un genre nouveau, combinant assistance militaire, prestige technologique, *fast-food, soft-drinks* et cinéma dans la conquête des marchés, des coeurs et des esprits[1].

Les intérêts américains peuvent aller jusqu'à nouer des liens d'amitié avec des Etats non démocratiques, voire même à les défendre, pour des raisons de bénéfice mutuel. L'Amérique a une conscience aiguë de ses intérêts propres et sait assurer sa cohésion lorsqu'il s'agit de les promouvoir ; elle souhaite la liberté et l'indépendance pour tous, mais elle n'en est le champion et le justicier que pour elle-même[2] ; et dans un élan confondant de naïveté et de candeur, elle se demande pourquoi d'autres la taxent d'impérialisme.

La nouvelle stratégie américaine et ses modalités

Les Etats-Unis ont conçu une nouvelle stratégie qui s'organise autour de trois axes : militaire, économique et culturel. Ceux-ci sont en interrelation constante au sein d'un ensemble que les Américains appellent aujourd'hui la "stratégie nationale de sécurité". Ces trois composantes correspondent à ce que certains considèrent comme les trois articulations modernes de la puissance, à travers les modes de production, les modes de destruction et les modes de communication. Les Etats-Unis mettent ainsi en oeuvre les différents leviers de la puissance pour asseoir leur position dominante.

La puissance militaire

La puissance militaire conserve aux yeux des Etats-Unis

---

1 Charles Gancel, "Le pionnier et le paysan", *Les Echos*, 4 novembre 1998, p. 60.

2 T.-G. Carpenter, "An independant course", in *America's purpose. New visions of US foreign policy*, San Francisco, ICS Press, 1991, p. 98.

un rôle privilégié, car il leur revient, en définitive, de garantir l'ordre international. L'Europe et le Japon doivent être empêchés de porter ombrage à la domination américaine, et l'OTAN, véhicule des intérêts américains en Europe, doit rester le premier garant de la sécurité sur le vieux continent. Une extension du rôle de l'organisation hors de son théâtre habituel ne peut que servir les intérêts de Washington dans la mesure où cela permet aux Américains de contrôler les opérations entreprises, afin qu'elles ne se fassent pas sans eux ou contre leurs intérêts ; au demeurant, cela donne au monde l'illusion d'une action multilatérale, légitimant la prééminence américaine.

La stratégie économique

Jusqu'à la fin des années 1980, le dispositif américain s'est caractérisé, malgré sa puissance, par un déficit d'efficacité collective, illustré notamment par la faiblesse des synergies entre l'Etat et les entreprises. Longtemps, les entreprises américaines se sont livrées une concurrence acharnée sur leur propre marché intérieur, ce qui a engendré deux conséquences majeures :

- bien que les Etats-Unis fussent le premier marché mondial de l'information, celui-ci était animé par des objectifs de rentabilité économique à court terme ;
- cela a entraîné une cécité stratégique vis-à-vis de la concurrence externe, notamment asiatique (Japon et "tigres").

En réaction ont eu lieu, au début des années 1990, des réflexions sur la perte de compétitivité de l'économie américaine observée durant la décennie 1980. Puis, les questions économiques se sont affirmées au premier rang des préoccupations américaines de sécurité de l'après Guerre froide. L'Administration Bush a été la première à entamer le débat sur la "guerre économique" en jetant les bases d'une politique de sécurité économique du temps de paix qui a provoqué une réorientation majeure de l'action extérieure des Etats-Unis. La tendance n'a fait que s'accentuer sous l'Administration Clinton qui a fait de la sécurité économique le premier objectif de sa politique étrangère et de la prospérité l'objectif central de la stratégie américaine de sécurité. Au cours de ces dernières années, le gouvernement américain n'a cessé de multiplier les interventions directes pour influer sur le dénouement des négociations de grands contrats internationaux. Le département d'Etat s'est attaché à développer une "diplomatie pour une compétitivité globale" et a recyclé son personnel dans les questions économiques et commerciales[1].

Dans un article paru au début de la présidence de Bill Clinton, Edward Luttwak résumait de façon très claire ce qu'était le nouvel état d'esprit animant la politique économique de la nouvelle administration : "*dans la géoéconomie, la puissance de feu, c'est le capital ; la pénétration des marchés remplace les bases à l'étranger et les garnisons. Les équivalents des armes nucléaires (...) sont les politiques industrielles ou d'investissement*"[2]. Le leadership des Etats-Unis passe avant tout par l'obtention de succès économiques. Désormais, la sécurité américaine ne sera plus perçue comme l'émanation de la seule sécurité militaire ; la prospérité économique des Etats-Unis, la volonté de maîtriser seuls les programmes clés du XXIe siècle (télécommunications, aéronautique, spatial, médecine de pointe, etc.) sont devenus les premiers objectifs d'une stratégie de sécurité globale à forte dominante économique.

Cette recherche de la suprématie économique se remarque particulièrement à travers deux champs d'application déterminants : la domination par les technologies de pointe et la conquête des marchés émergents.

La domination par les technologies de pointes

Les Etats-Unis sont le premier pôle de développement des technologies émergentes, en raison de l'excellence de leur potentiel de formation supérieure, des moyens que peuvent

---

[1] B. Colson, *op. cit.*, p. 33.

[2] Edward Luttwak, *Fortune*, 26 juillet 1993.

mobiliser leurs industriels et grâce aux ressources financières dont disposent les programmes technologiques du département de la Défense, de la NASA ou de la *National Science Foundation*[1].

Les Américains exploitent aujourd'hui leur position d'unique superpuissance maîtrisant l'ensemble des technologies de souveraineté les plus avancées pour renforcer leurs positions commerciales sur les marchés civils et militaires. L'Administration américaine considère que les industries de haute technologie - même si elles doivent théoriquement obéir aux lois du marché - sont des industries "stratégiques" qui garantissent, sur le plan économique, une base industrielle et technologique innovante, favorisant le dynamisme de l'économie américaine (exportations, croissance, emploi, revenus), tout en contribuant activement à la sécurité nationale. Le gouvernement Clinton encourage donc l'osmose entre les domaines civil et militaire, ayant compris qu'à l'avenir, de nombreuses technologies à dominante civile généreront des applications militaires. Au cours de l'année 1996, près de 2 000 opérations de fusion ou d'acquisition d'entreprises se sont réalisées aux Etats-Unis, pour une valeur de 164,6 milliards de dollars, soit une croissance de 26% en volume et de presque 50% en valeur. L'objectif explicite de ces concentrations était de préserver le leadership américain sur l'ensemble du spectre des technologies de souveraineté.

La suprématie économique par la maîtrise des marchés émergents

La promotion des exportations apparaît également comme un des objectifs de la nouvelle politique commerciale américaine, volontariste et agressive. Les objectifs économiques de la stratégie nationale d'exportation américaine se doublent d'une définition rigoureuse des secteurs sur lesquels doit reposer la prospérité des Etats-Unis : 18 marchés émergents ont été sélectionnés - ils devraient représenter, vers

---

[1] J.-L. Bassano, *op. cit.*, p. 55.

2010, des volumes d'affaires supérieurs à ceux de l'Europe occidentale - et 22 technologies de pointe ont été recensées pour le XXIe siècle. La stratégie de Washington s'affiche ainsi clairement : verrouiller des créneaux technologiques et créer des zones réservées aux industries américaines, afin d'assurer la domination économique et stratégique des Etats-Unis au siècle prochain.

La stratégie culturelle

Il n'y a pas de stratégie culturelle définie en termes explicites par la Maison-Blanche, en dehors d'une volonté de faire progresser le modèle de civilisation américain dans le monde. D'une certaine manière, le culturel est intégré à l'économique. La dimension culturelle de la stratégie intégrale américaine apparaît cependant dans un secteur économique en pleine expansion, celui de l'information, et une stratégie transparaît derrière les puissants moyens mis à la disposition de l'*United States Information Service (USIS)*, les NTIC offrant à cet égard des possibilités remarquables[1].

Le contrôle de l'information

Le leadership américain dans la révolution de l'information a considérablement accru l'ouverture aux valeurs américaines. Les capacités qu'ont les Américains de communiquer directement avec les publics étrangers, littéralement par dessus la tête de leurs gouvernants, ouvrent de grandes possibilités pour répandre la démocratie de marché à travers le monde[2]. La diffusion de ces messages s'appuie sur la maîtrise des canaux de diffusion et de leur contenu, chacun aidant l'autre. On observe chaque jour davantage l'utilisation de ces capacités dans le cadre de la compétition économique : les grands thèmes en discussion dans les enceintes internationales

---

[1] B. Colson, *op. cit.*, pp. 45 et 105.
[2] *Ibid.*, p. 47.

sont presque toujours d'origine américaine (la transparence, la libéralisation mondiale des marchés, la déréglementation, le partenariat public/privé, etc.) ou présentés comme tels[1].

Les Etats-Unis ont ainsi acquis la capacité de générer puis de véhiculer des idées, des messages, des modèles de pensée et de comportement que le monde, convaincu, intègre. Ils disposent d'excellentes armes culturelles : le monde du spectacle et des médias, la langue anglaise, l'immigration, le tourisme, les universités, les systèmes d'information. Ils encouragent donc la diffusion des programmes télévisés américains, des films, de l'anglais, la venue de touristes et d'étudiants aux Etats-Unis[2]. Les instruments de la puissance américaine sont autant CNN et Hollywood, Coca Cola, McDonald et Nike, la langue, les phénomènes culturels ou de mode de vie, que les porte-avions ou les missiles de croisière.

Certains vont encore plus loin : "*Il va de l'intérêt politique et économique des Etats-Unis de veiller à ce que si le monde adopte une langue commune, ce soit l'anglais ; que s'il s'oriente vers des normes communes en matière de télécommunications, de sécurité et de qualité, ces normes soient américaines ; que si les différentes parties sont reliées par la télévision, la radio et la musique, les programmes soient américains ; et que, si s'élaborent des valeurs communes, ce soient des valeurs dans lesquelles les Américains se reconnaissent*"[3]. Cette maîtrise des canaux d'information et la diffusion volontariste de leurs valeurs débouche sur une véritable "normalisation" des goûts et des comportements. Pour caricaturer, on peut dire qu'un pays qui a adopté la langue anglaise, le droit anglo-saxon et le système universitaire américain, qui boit Coca Cola, mange McDonald et s'habille en Nike, regarde CNN et écoute le rock américain, est un pays quasi impossible à pénétrer pour la culture et les produits d'une

---

[1] Claude Revel, "De l'information dans l'approche international des décideurs américains et français", *Revue internationale et stratégique*, n° 31, IRIS, automne 1998, p. 35.

[2] L'enseignement américain attire chaque année 450 000 étudiants étrangers.

[3] D. Rothkopf, *op. cit.*

autre nation.

L'efficacité générale du système américain relève d'une capacité d'échange de l'information ouverte ou fermée en temps réel entre une multitude d'acteurs et de décideurs, fédérés par des réseaux d'intérêts et de connivence. Traumatisée par les succès remportés par le Japon jusque dans les années 1980, l'Amérique a compris que dans la guerre de l'information, la victoire dépendrait de l'accélération et de la simplification des procédures de recueil, de mémorisation, d'analyse et de diffusion de l'information stratégique. Cette information stratégique est, avec l'enseignement et l'information, le véritable défi des prochaines années. Ainsi, s'est constituée une coalition à la fois informelle et opérationnelle où convergent des intérêts gouvernementaux, militaires et commerciaux, embrassant les industries de l'information, des médias et de l'informatique. La perception du monde qu'ont ces acteurs est résolument électronique et son champ de vision est une planète sous emprise américaine. Le moyen d'atteindre cet objectif est le contrôle le plus étroit possible du complexe information-médias parce qu'il confère le pouvoir culturel et le pouvoir tout court[1].

Les nouvelles pratiques concurrentielles américaines

Afin de remplir les objectifs définis par la nouvelle stratégie de sécurité économique, de nouvelles pratiques ont été développées. Pour s'imposer sur les marchés mondiaux, un véritable dispositif de combat, combinant actions offensives (appui aux entreprises nationales, contrôle des organismes internationaux, pressions sur les gouvernements étrangers, échange d'information entre les acteurs nationaux) et répressives (législation sur les embargos et le terrorisme) a été mis en place.

---

[1] Herbert I. Schiller, "L'information, atout maître de l'empire américain", *Manière de voir, Le Monde*, janvier 1999, pp. 10-14.

Les actions offensives : conquérir

L'Administration Bush a été la première à entamer le débat sur la guerre économique en jetant les bases d'une politique de sécurité économique à travers différentes initiatives :

- réorientation des activités des agences de renseignement (CIA, NSA, FBI) ;
- création de *l'Information Security Oversight Office*, réunissant le Pentagone, le département de l'Energie et les agences de renseignement pour assurer la protection et la gestion de toutes les informations confidentielles dans les domaines technologiques et économiques ;
- élaboration du *National Industry Security Program*, afin de sensibiliser la communauté technologique et industrielle américaine à la défense de ses intérêts par le biais de programmes de coopération militaire avec l'étranger[1].

En prolongement de la politique initiée du temps de G. Bush, l'Administration Clinton s'est attachée à renforcer la cohésion et le poids de sa diplomatie commerciale. En premier lieu, un comité interministériel de promotion des exportations américaines *(Trade Promotion Coordinating Comittee)*, dirigé par le secrétaire d'Etat au commerce, Ron Brown, a été créé en 1992. En second lieu, en novembre 1993 a été mis en place un autre organisme de coordination interministérielle, le *National Science and Technology Council*, dont la finalité est notamment de réfléchir à des stratégies de soutien à la recherche technologique dans les secteurs où les Etats-Unis disposent d'opportunités d'exportation, en particulier en direction des marchés émergents. Enfin a été créé un Conseil économique national qui travaille en étroite relation avec le Conseil national de sécurité.

Cette politique commerciale conquérante s'articule autour de deux axes : la coordination et le renforcement du soutien aux exportations et la levée des entraves à la libre concurrence. Elle

---

[1] J. Pichot-Duclos et C. Harbulot, "L'émergence d'un nouveau type de renseignement", *Enjeux Atlantiques*, n° 11, avril 1995, p. 20.

débouche, de plus en plus fréquemment, sur la mise en oeuvre de techniques offensives douteuses, voire illégales.

Le dispositif de renforcement du soutien aux exportations

Pour s'imposer sur les marchés mondiaux, les Américains ont constitué une redoutable machine de guerre, à travers le Conseil économique national, la stratégie nationale d'exportation[1], l'*Advocacy Center* et la *War Room*.

Placé au même niveau que le Conseil national de sécurité, le *National Economic Council (NEC)*, créé en 1992, a pour mission de conseiller le Président sur les questions se rapportant à la sécurité économique. Parallèlement, une stratégie nationale d'aide à l'exportation a été mise en place, le gouvernement fédéral faisant preuve d'un activisme marqué dès lors qu'il s'agit de promouvoir ses intérêts économiques dans le monde. Elle est réactualisée chaque année dans le but de maintenir la prééminence commerciale des Etats-Unis. Ses principes de base reposent sur une volonté de coordination accrue entre les besoins des entreprises et l'action de l'administration, mettant à disposition un réseau permanent d'accès à l'information. Depuis 1994, on assiste à une politique de promotion des exportations totalement intégrée. Ces mesures s'accompagnent d'un renforcement des moyens mis à la disposition des agences participant au financement et à la garantie des opérations d'exportation ou d'investissement des entreprises américaines[2].

La coordination de cette stratégie est assurée au sein du département du Commerce par l'*Advocacy center*. Périodiquement, celui-ci est chargé d'identifier douze pays cibles en recensant, pour chacun d'eux, les vingt plus grands

---

[1] Voir à ce sujet le très complet rapport de Claude Revel et d'Isabelle Pedron-Liou, *La diplomatie exportatrice des Etats-Unis*, Observatoire du marché international de la construction, Paris, octobre 1997.

[2] François Gave, "Les illusions de l'unilatéralisme américain", *Bulletin du Centre d'analyse de prévision*, ministère des Affaires étrangères, n° 63, été 1995, pp. 121-143.

projets d'infrastructures d'un montant minimum de deux milliards de dollars. Une palette de moyens très diversifiés sont ainsi mis en oeuvre pour faire en sorte que les entreprises américaines signent des contrats : courriers de ministres, intervention du Président, invitation de décideurs étrangers, sans parler de l'action des services de renseignement.

L'*Advocacy Center* est un organisme chargé de veiller à la concertation des efforts entre les acteurs nationaux et de définir une stratégie commune dans l'approche des marchés extérieurs. Il regroupe les représentants de dix-neuf agences fédérales qui concourent au développement des exportations américaines. Il s'appuie sur un *Advocacy Network*, réseau de coordination des efforts et de promotion et de *lobbying* export. Celui-ci regroupe l'ensemble des agences gouvernementales intéressées par l'export qui sont chargées de fixer les projets prioritaires, de drainer l'information utile à la promotion et au soutien des opérations et de définir les modalités financières d'accompagnement des contrats. Le suivi de l'avancement des projets est assuré au sein de la *War Room*, dont le secrétariat est assurée par le *Trade Promotion Coordinating Comittee*. C'est le véritable centre opérationnel de soutien gouvernemental aux exportations, placé, lui aussi, au sein du département du Commerce. La *War Room* assure, avec les industriels, la coordination des moyens du gouvernement qui sont susceptibles d'exercer une pression ou d'apporter un renseignement utile dans les négociations commerciales. La *War Room*, a pour mission d'intervenir directement pour mobiliser les services de l'Etat, afin de faire aboutir les contrats au profit de firmes américaines.

De fait, un véritable partenariat a été institué entre les entreprises et l'administration fédérale américaine, la seconde oeuvrant au profit des premières. Cette stratégie d'exportation semble redoutablement efficace : à partir du travail des quarante personnes employées pour cette tâche au sein de la *War Room*, les actions enclenchées auraient permis la signature, entre 1993 et 1997, de 230 contrats importants, générant 350 000 emplois en trois ans et rapportant entre 40 et 200 milliards de dollars, selon les sources.

La guerre contre les entraves à la libre concurrence

Parallèlement à ces actions de coordination des offensives commerciales américaines, le département du Commerce a été chargé de répertorier les entraves qui pénalisent les entreprises américaines dans leur stratégie de conquête des marchés à l'exportation, afin d'y mettre un terme. Ainsi le gouvernement américain exerce-t-il de fortes pressions sur l'OCDE pour que les aides liées, d'un montant plus important dans les autres pays qu'aux Etats-Unis, soient interdites. Les objectifs américains, observés notamment à travers les négociations de l'OMC, sont de démanteler tous les droits de douanes, de bannir les subventions publiques et de supprimer les quotas qui protègent les industries nationales, afin de faciliter, partout dans le monde, le libre-échange des biens et des services.

En outre, alors que les barrières tarifaires ont été vivement combattues par les Etats-Unis comme une limite au libre-échange, ils axent également leurs efforts sur la levée des entraves à l'exportation qui résultent de procédures de normalisation distinctes des leurs. Ils font ainsi porter leurs efforts politiques et financiers sur les différents ensembles économiques (APEC, ASEAN, MERCOSUR) pour que les pays membres adoptent des procédures de normalisation semblables à celles des Etats-Unis. Parallèlement, ils tentent de pénétrer utilement tous les organismes internationaux de crédit et exercent auprès de ceux-ci un activisme soutenu afin que les entreprises américaines bénéficient en priorité des aides internationales déliées.

Enfin, estimant que la corruption dans le cadre de grands contrats internationaux se révèle pénalisante pour ses intérêts commerciaux, et donc pour sa sécurité, le gouvernement américain fait pression sur les organisations internationales ou les gouvernements des pays alliés pour qu'ils adoptent des législations visant à criminaliser la corruption et prohiber la déductibilité fiscale des frais commerciaux exceptionnels (FCE). L'ONG *Transparency International* s'avère l'un des principaux relais de leurs thèses, si ce n'est leur opérateur attitré.

Le recours à des pratiques concurrentielles déloyales

La nouvelle stratégie américaine, à travers ses modes d'actions, a provoqué un lent glissement vers des pratiques concurrentielles douteuses, voire irrégulières. Celles-ci sont de multiples natures.

- Les plus fréquentes sont les pressions politiques en appui des contrats commerciaux. L'Administration américaine n'hésite pas à utiliser différents moyens d'influence, plus ou moins explicites et plus ou moins coercitifs, pour ouvrir certains marchés à ses entreprises ou pour aider celles-ci à obtenir certains contrats. L'Etat américain soutient plus ses entreprises que nul autre en usant sans vergogne de son poids et il a troublante franchise de le clamer : "*les Etats-Unis étant la première puissance économique du système commercial mondial, ils sont bien placés pour user de leur pouvoir de persuasion et de leur influence*"[1].

Il faut rappeler que, pendant la Guerre froide, la présence des forces armées américaines en Europe a été maintes fois utilisée comme moyen de pression économique et que le Japon fut soumis à des tracasseries semblables. Encore récemment en Abu Dhabi, des pressions américaines très fortes ont été exercées contre le cheikh Zaid bin Sultan, afin qu'il écarte le *Rafale* de Dassault aviation de la compétition pour 80 chasseurs de l'armée de l'air émiratie et que ses achats soient orientés exclusivement vers des fournisseurs américains, Washington se présentant comme le seul Etat capable d'assurer la protection des Emirats contre une agression extérieure[2].

- Washington ne recule pas non plus devant l'instrumentalisation des organismes de régulation internationaux. Les Etats-Unis se servent de l'OCDE et de l'OMC comme d'instruments de défense d'un libéralisme pur dont ils ne donnent pas eux-mêmes l'exemple. Le récent sommet de Seattle en a été l'une des illustrations. Les Américains ne voulant pas parvenir à un accord dont certains

---

[1] *United States Information Agency*, 2 mars 1998, Washington.

[2] *Le Monde du Renseignement*, 30 avril 1997.

aspects nuisaient à leurs intérêts économiques, ils ont essayé de faire porter la responsabilité de l'échec à l'attitude européenne et ont su utiliser la présence locale des ONG anti-mondialisation pour orienter les débats de ce sommet sur des questions secondaires.

- L'entrisme dans les programmes de développement internationaux ou dans des opérations de secours humanitaire représente une autre modalité d'action au service de la stratégie d'exportation de Washington. L'organisme le plus présent dans le monde est l'USAID *(United States Agency for International Development)*, émanation du *National Security Council.* Il affiche sans complexe son souci de rentabilité nationale, comme en témoignent quelques extraits de sa présentation sur Internet :

"*La faible portion du budget fédéral américain qui assiste les nations en voie de développement sert directement les meilleurs intérêts des Etats-Unis*".

"*Les activités de l'USAID débouchent sur des bénéfices économiques directs dans presque tous les Etats de l'Union*" (suivent les exemples).

"*Le principal bénéficiaire des programmes d'assistance américains à des pays étrangers a toujours été les Etats-Unis*".

- On observe également, partout dans le monde, des opérations de rachat de secteurs stratégiques pour le contrôle de l'information économique. Celui des assurances en est un exemple concret : l'acquisition de nombreux courtiers et assureurs dans le monde permet l'accès aux données confidentielles dont ils disposent sur leurs clients. Cela entraîne le risque de transfert à la concurrence américaine d'informations extrêmement confidentielles concernant les moyens de production, la recherche et les produits des industriels étrangers. Ces informations, qui sont stockées dans d'immenses bases de données, sont à tout moment disponibles pour une utilisation offensive car Marsh & McLennan et AON, les deux leaders mondiaux du secteur, siègent à la *War Room*[1].

---

[1] J.-F. Jacquier, "Compagnies d'assurances : les risques du contrôle américain", *Le Point*, n° 1298, 2 août 1997, p. 16.

- Enfin, la Communauté européenne a fait part en 1998 de son inquiétude devant le recours de plus en plus fréquent de Washington à des interceptions des communications (dispositif *Echelon).* Le réseau mondial d'interception de la *National Security Agency (NSA)* est un véritable quadrillage où sont placés sous surveillance électronique continue les émissions de radio, les téléphones, les télex, les fax, les GSM, les communications des services de police, d'Interpol, les ordinateurs et les liaisons satellites du monde entier. Il n'est pas jusqu'au général britannique Michael Rose, commandant en chef de la Forpronu en Bosnie en 1994-1995 qui se soit plaint des ingérences américaines[1].

Les actions défensives

Parallèlement à ce dispositif offensif, Washington a développé un arsenal législatif répressif, donnant aux autorités américaines les moyens de lutter contre l'expansion économique de leurs concurrents les plus agressifs[2]. La première manifestation en a été l'adoption de la loi *Economic espionage act* de 1996, du sénateur Bill Cohen, dont le but

---

[1] Son quartier général de Sarajevo et toutes ses conversations classifiées avec Londres ou le siège new-yorkais de l'ONU étaient interceptées par la NSA. Pour lui, il s'est agi d'une tentative délibérée de certains hauts responsables du département d'Etat pour saper la politique de l'ONU dans les Balkans et sa propre position à la tête de la Forpronu. Dans son livre *Fighting for peace*, il affirme que l'Administration Clinton, qui soutenait ouvertement la faction musulmane, était si inquiète qu'il puisse montrer la moindre sympathie pour les Serbes bosniaques, qu'elle l'avait mis sous étroite surveillance.

[2] Ce phénomène n'est pas nouveau. La politique commerciale américaine a fait, depuis trois décennies, l'objet de nombreuses législations, les *Trade Acts* (notamment celui de 1974 amendé en 1988), qui contiennent des dispositions et des mécanismes qui permettent au responsable américain du commerce, le *United States Trade Representative*, d'identifier et de sanctionner certains comportements des partenaires commerciaux des Etats-Unis, jugés injustes et déraisonnables par eux. Et si ceux-ci refusent d'y mettre fin, les Etats-Unis peuvent décider de prendre des mesures unilatérales de rétorsion. Ce sont les fameux articles 301 et super 301.

évident est de décourager toute action économique étrangère sur le sol américain. Elle a été prolongée par d'autres initiatives plus médiatisées.

La tactique des embargos

La signature, le 12 mars 1996, par le Président Clinton, de la loi Helms-Burton contre Cuba, puis le 5 août, de la loi D'Amato-Kennedy contre l'Iran et la Libye, sont les illustrations de l'un des nouveaux modes d'action géoéconomique de Washington : la guerre des normes du "politiquement acceptable". La promulgation de ces deux lois paraît, de prime abord, légitime : il s'agit de sanctionner les entreprises qui investissent à Cuba, en Iran et en Libye, trois pays qui menacent les intérêts des Etats-Unis. En réalité, il s'agit bien de la modification unilatérale des règles du commerce international au bénéfice de Washington.

Les partenaires des Etats-Unis ont vite réalisé que le véritable enjeu de ces lois était beaucoup plus économique que diplomatique. En arrière plan de l'alibi antiterroriste se profile une lutte sourde pour la conquête des marchés mondiaux, via la défense des intérêts nationaux américains. Ces lois, contrairement à ce qu'a pu dire la Maison-Blanche, n'ont aucun rapport avec la lutte contre le terrorisme.

Les Américains supportent mal d'être privés des potentialités de gros pays pétroliers. L'installation des Européens en Libye et en Iran gênent leurs perspectives de développement. D'où la volonté de placer une sorte de "couvercle" préservant l'avenir. Quitte à affronter les Européens - le seul ensemble commercial véritablement concurrent des Etats-Unis - et à accentuer la guerre commerciale qui met aux prise les nations industrielles. Dès 1988, Nicholas Burns, le porte-parole du département d'Etat l'avait explicitement annoncé : "*La compagnie Total a essentiellement pris la place de Conoco et décroché un contrat qui aurait dû être très profitable à Conoco. (...) Nous voulons punir les entreprises qui auront ce genre de comportement à l'avenir*"[1].

Les sanctions appliquées aux contrevenants sont simples ceux-ci ne pourront plus avoir accès à certains financements aux Etats-Unis et la participation aux procédures d'appel d'offre des administrations américaines pourra leur être interdites. La loi D'Amato-Kennedy précise que toute entreprise étrangère qui investira plus de 40 millions de dollars par an en Iran et en Libye, sera automatiquement passible de sanctions commerciales ou financières. Les sanctions seront de plusieurs types :

- interdiction totale d'exporter vers les Etats-Unis ;
- interdiction d'être fournisseur de biens ou de services pour le gouvernement fédéral ;
- interdiction de tout prêt d'un montant supérieur à 10 millions de dollars par an de la part d'un investisseur bancaire ou financier américain ;
- interdiction de toute aide de l'Eximbank (organisme public finançant les exportations américaines) ;
- interdiction de toute licence d'exportation de technologie américaine au profit de cette compagnie ;
- interdiction de jouer le rôle - éminemment lucratif - d'intermédiaire financier pour le placement de bons du Trésor américain ou encore, plus généralement, d'être un agent financier de l'Etat fédéral.

L'originalité de cette politique d'embargo ne réside pas seulement dans son caractère extrêmement contraignant, mais dans son champ d'application. En effet, si auparavant un Etat pouvait prendre des mesures d'interdiction de commercer avec un autre Etat[2], celui-ci ne pouvait appliquer, en principe, ces contraintes qu'à ses propres ressortissants, qui pouvaient, le cas échéant, être sanctionnés en fonction de la législation nationale en vigueur. Les lois Helms-Burton et D'Amato-Kennedy innovent sur ce point puisque non seulement elles se déclarent

---

[1] S. Marti, "Le terrorisme, alibi de la guerre commerciale", *Le Monde*, 23 août 1996.

[2] Cf. les mesures prises par de nombreux Etats contre l'Afrique du Sud, à l'époque de l'Apartheid.

compétentes pour sanctionner des violations du droit américain par des ressortissants étrangers hors du territoire des Etats-Unis, mais elles permettent également à des ressortissants américains, d'assigner en dommages et intérêts, devant un tribunal fédéral, des ressortissants étrangers pour des faits commis hors des Etats-Unis. En d'autres termes, elles donnent à des particuliers la possibilité de participer directement à l'application d'un texte dont l'objet initial est de sanctionner un Etat[1].

L'objectif majeur de ces lois est bien, en définitive, de créer un maximum de tracasseries afin de freiner les relations de l'Europe avec la Libye, l'Iran, la Birmanie, ou encore l'Irak de Saddam Hussein, dans un souci d'affaiblissement de la concurrence et de récupération des marchés sur le long terme. Cette utilisation du terrorisme comme alibi commercial n'est pas nouvelle. Dès 1984, Washington avait utilisé des dispositions législatives prises pour combler les lacunes existantes face au terrorisme - traitant respectivement des attentats contre les avions de ligne et des prises d'otages - pour modifier la façon dont les agences fédérales pouvaient tirer parti de la législation internationale, améliorant ainsi les chances d'appréhender les terroristes, où qu'ils soient, pour les traduire devant un tribunal américain. En 1985, le *Foreign Assistance Act* avait donné à la direction générale de l'aviation civile des Etats-Unis le pouvoir d'inspecter des aéroports étrangers et d'émettre des recommandations à l'intention de ceux où les conditions de sécurité minimum n'étaient pas remplies. Enfin, l'*Omnibus Diplomatic Security and Antiterrorism Act* de 1986 avait rendu les agressions et attentats perpétrés à l'encontre des citoyens américains à l'étranger justiciables du droit criminel américain et avait autorisé le recours à l'extradition vers les Etats-Unis, par voie légales ou autre, des terroristes afin de les juger[2].

---

[1] P. Gastineau, "L'entreprise, nouvel instrument de la diplomatie", *Les Echos*, 11 septembre 1996, p. 48.

[2] Robert Kupperman et Jeff Kamen, *Final warning : advertising disaster in the new age of terrorism*, New York, Doubleday, Bibliothèque du Congrès, 23 décembre 1986, pp. 125-129.

L'attitude de Washington viole les principes de base du droit, et notamment les règles de l'OMC. Mais doit-on véritablement s'en étonner ? Les Américains nous ont habitués à cette politique des "grands principes" qui ne vise qu'à défendre leurs intérêts commerciaux et qui sont abolis aussitôt que Washington décide de modifier sa politique.

Le diktat américain des droits de l'homme

En complément des actions juridiques, les Etats-Unis sont parvenu à imposer un diktat sur leur conception des droits de l'homme et de la démocratie. Au terrorisme intellectuel exercé depuis trois quart de siècle par les intellectuels marxistes, se substituent désormais les pressions des "bien pensants" gagnés aux normes définies à Washington. Certes, les Etats-Unis ne sauraient être mis en cause parce qu'ils condamnent des régimes tels que l'Irak, la Libye ou la Birmanie. Cependant, ces dénonciations vont généralement de pair avec le retard de la pénétration américaine sur ces marchés. Ainsi, Washington tire parti de sa position dominante dans la géopolitique et l'économie mondiale, pour définir selon ses critères - essentiellement commerciaux - l'échelle du "politiquement correct" parmi les pays du Tiers-monde ! Un certain nombre d'Etats clients de l'Amérique ne sont jamais inquiétés, malgré les exactions et oppressions auxquelles ils se livrent. C'est en particulier le cas de la Colombie, de la Chine et de divers pays arabes du Golfe. Ce fut longtemps celui de l'Indonésie. Car l'Amérique y bénéficie de contrats importants. La promotion des droits de l'homme n'est en réalité qu'un discours permettant l'exportation de l'*american way of life* et des modes de consommation qui le caractérisent.

La politique de neutralisation de l'Europe par son élargissement

Depuis la chute du mur de Berlin, les Américains ont résolu le défi que leur posait la construction européenne, en prenant le parti de l'appuyer et de l'étendre, avec le soutien des structures de l'OTAN. C'est la mise en pratique d'une technique de judo : utiliser l'impulsion de son adversaire afin de provoquer son déséquilibre. Si l'on est attentif au discours américain, l'Union européenne doit s'élargir vers l'Est afin d'assurer la stabilité du vieux continent et pour y introduire l'économie de marché. L'objectif de Washington est en réalité de promouvoir l'évolution de la Communauté européenne vers une entité lâche, purement économique, de façon à ce que se constitue le marché européen plus vaste possible, avec des membres nombreux, en partic acquis à Washington. Les Etats-Unis n'ont aucun intérêt à voir se constituer une Europe politique forte, capable d'exprimer avec cohérence des choix conformes à ses intérêts propres. Or, l'Union européenne ne peut espérer se doter d'une politique étrangère et de sécurité commune en même temps qu'elle s'élargit à vingt, peut-être à trente Etats. L'OTAN contribue à cet objectif. L'ajustement des rapports internes au sein de l'Alliance atlantique a toujours été dominé par l'éternelle querelle entre l'idée que se fait l'Amérique des relations transatlantiques et celle de la France. Les Etats-Unis soulignent l'inutilité, voire le danger, de l'autonomie européenne, puisque les objectifs européens et américains sont identiques[1]. La France interprète les réticences de l'Amérique sur l'indépendance militaire de l'Europe comme l'expression de ses penchants hégémoniques.

---

[1] Henry Kissinger, *Diplomatie*, Fayard, 1996, pp. 750-751.

CE QU'IL FAUT RETENIR

La puissance américaine est aujourd'hui sans concurrence, car elle réunit tous les pouvoirs. Sa force militaire, le dynamisme de son économie et sa maîtrise des technologies avancées de la communication lui permettent de surveiller, d'influer et d'intervenir partout sur la planète. Aujourd'hui rien ne peut se faire dans le monde sans un accord ou une participation des Etats-Unis ; et rien n'est officiel tant que CNN ne l'a pas confirmé. Certains Américains considèrent même que c'est au XXIe siècle, et non au XXe, que les Etats-Unis seront au faîte de leur prééminence. Cette suprématie américaine n'est pas imméritée. Elle est due à la mentalité dynamique et entreprenante héritée des pionniers de la conquête de l'Ouest, qui ont légué comme éléments culturels, la hardiesse, la capacité de s'élever au-dessus de la quiétude quotidienne et le sens d'avoir une mission à accomplir dans l'univers. Leurs descendants ont su construire un Etat libre et dynamique dont le succès mérite le respect.

Mais les Etats-Unis se posent désormais comme les responsables du destin de l'Humanité et cherchent à façonner le monde à leur image[1]. Sous couvert de mondialisation, ils veulent propager à l'ensemble de la planète leur propre modèle de société. Mais en réalité, c'est une véritable guerre économique et culturelle que l'Amérique est en train de livrer à ses partenaires, car il lui faut trouver des débouchés pour son économie et son industrie, faute de quoi existe un réel risque de récession. Son système, à la différence des systèmes européens, moins dynamiques, peut difficilement survivre s'il ne conquiert pas. C'est la fuite en avant du libéralisme américain, ressort qui le conduira à sa perte s'il ne sait s'amender à temps.

Les dirigeants Américains pensent conduire une

---

[1] L'histoire nous rappelle que les phénomènes de mondialisation se sont toujours produits sous l'impulsion d'un Etat de nature hégémonique (Rome, Byzance, Venise, les empires ottoman et britannique, etc.) et ont répondu, chaque fois, à son intérêt.

politique bienveillante, les valeurs américaines étant universelles, ils se considèrent comme la première superpuissance "non impérialiste". Mais ce pouvoir qui n'est responsable devant personne risque de provoquer des déséquilibres dangereux pour l'ordre international et, par voie de fait, de sérieux chocs en retour. Unique superpuissance militaire, économique et financière de cette fin de siècle, les Etats-Unis, faute de *sparring partner* à leur échelle leur rappelant le sens des réalités et de la mesure, sont de plus en plus engagés dans une logique dominatrice s'exerçant au détriment des intérêts d'autres nations. En 1997, à l'occasion d'un sondage réalisé à Harvard auprès d'étudiants étrangers, il est apparu que les deux tiers d'entre eux considéraient que les Etats-Unis étaient une menace pour leur société par leur impérialisme financier et leur "colonialisme culturel"[1]. Les Etats-Unis oublient que, face à leurs 270 millions d'habitants, il existe près de 6 milliards d'hommes qui finiront par fabriquer des contre-pouvoirs à cette domination sans partage et souvent sans finesse.

En attendant un hypothétique rééquilibrage de la société internationale, force est de constater que les pratiques agressives et conquérantes se multiplient dans le domaine économique, conséquences directes de l'exemple donné au monde par les Etats-Unis.

---

[1] G. Outrey, "La superpuissance solitaire", *Défense Nationale*, Revue des revues, juillet 1999, pp. 148-149.

CHAPITRE V

L'ÉMERGENCE DE NOUVELLES PRATIQUES CONCURRENTIELLES

L'accroissement de l'intensité concurrentielle et des interférences étatiques dans le jeu économique, ainsi que les nouvelles stratégies offensives développées par les Etats-Unis, n'ont pas manqué de provoquer des réactions ou de faire émules. De nouveaux modes d'action, originaux et agressifs, ont été développés par les acteurs économiques pour contourner les règles d'accès aux marchés ou venir à bout de la concurrence. Dans ce but, ils se sont largement inspirés de méthodes de l'art de la guerre et de savoirs provenant du monde des opérations clandestines, même si la filiation avec ceux-ci est rarement évoquée.

Le changement de comportement des acteurs économiques

Le passage de l'ancienne situation mondiale à l'actuelle s'est accompagné d'une mutation des pratiques concurrentielles. Dans la nouvelle compétition, la principale finalité de la stratégie n'est plus l'adaptation ni l'anticipation, mais la modification de l'environnement, afin d'imposer ses règles du jeu aux autres acteurs, l'objectif étant d'inverser les rapports de force. Il s'agit alors d'infléchir l'environnement en déplaçant la compétition sur des terrains où l'on dispose d'atouts ou d'avantages, en établissant d'autres facteurs-clés de succès. Pour certains acteurs particulièrement agressifs, l'objectif prioritaire n'est plus de satisfaire les besoins du marché, mais de détruire psychologiquement les offres et la réputation des concurrents dans l'esprit des clients. Le but est alors d'éliminer le compétiteur du jeu ou tout au moins d'interdire son accès au marché. Cette démarche peut aller jusqu'à s'en prendre physiquement aux centres de production et de distribution, voire aux transports, de la concurrence.

Dans cette perspective, les approches les plus originales et les plus agressives sont observables. Elles proviennent, pour l'essentiel, du monde anglo-saxon et sont autant le fait des Etats que des entreprises. Toutes ces pratiques sont fondées sur la captation systématique de l'information, son utilisation offensive et sur des actions indirectes de contournement. Ces démarches souterraines couvrent un champ d'action très large et prennent clairement leurs distances avec l'éthique traditionnelle. Elles incluent à la fois des opérations illégales d'espionnage industriel, des manoeuvres d'influence et des actions de déstabilisation concurrentielles, dans le but de gagner des parts de marché. Elles font courir des risques énormes aux entreprises qui en sont victimes, pouvant aller jusqu'à remettre en cause leur existence même.

Les nouvelles méthodes de captation de l'information

Les mutations de l'environnement économique international depuis la fin de la Guerre froide ont placé l'information au premier rang de la compétitivité. Comme nous l'avons vu précédemment, le savoir devient plus que jamais un élément clé du pouvoir. Il faut donc en premier lieu acquérir de l'information pour comprendre l'environnement et agir efficacement, que la finalité soit d'innover, d'exporter ou de gagner des parts de marché. Celui qui sera en mesure, avant l'autre, de déceler, d'identifier et d'évaluer les intentions et les forces adverses, de paralyser leurs dispositifs d'information, tout en préservant ses propres sources, aura déjà remporté une phase essentielle du combat, car l'information préalable permet de parer les intentions de l'adversaire, avant même qu'elles ne se traduisent en actes.

La nouvelle forme de concurrence à laquelle nous assistons se caractérise par une âpre bataille pour la maîtrise de l'information, car celle-ci est le principal outil de la guerre économique. Plus on avance dans l'économie de l'immatériel et du savoir, plus les batailles se gagnent grâce à l'information[1]. Tout commence et tout finit par la suprématie de l'information opérationnelle. La maîtrise de l'information et en train de devenir la condition *sine qua non* de la maîtrise ininterrompue des situations.

Logiquement, la recherche tous azimuts de l'information ne cesse de s'élargir. Le camouflage des démarches offensives de renseignement économique est l'une des clés fondamentales des affrontements commerciaux actuels. A titre d'illustration, aux Etats-Unis, à la fin des années 1980, les industriels japonais de l'automobile ont été accusés de profiter de la présence d'étudiants nippons dans des familles américaines pour observer les comportements des consommateurs[2]. Mais les Américains sont bien moins fréquemment victimes qu'agresseurs. Ils donnent de nombreux exemples d'actions offensives à des fins commerciales, que cela soit à travers les interceptions réalisées grâce au réseau *Echelon*, ou par le biais des rachats stratégiques dans l'assurance, voire encore grâce à l'instrumentalisation des sociétés internationales d'audit, de conseil et de cotation boursière, qui sont des structures propices à la captation d'informations stratégiques. De plus, depuis quelques années, les cabinets d'avocats sont sollicités pour réaliser des études ciblées sur la concurrence ou l'évolution d'un marché. Leur identité juridique permet de tenir à distance les organismes de sécurité nationale afin de dissimuler l'objet de la requête. Les procédés ne relèvent pas toujours de l'espionnage mais les agences de renseignement étatiques n'ont plus le monopole de ce genre de pratiques[3].

---

[1] Christian Harbulot, conférence prononcée à l'occasion du colloque "Intelligence économique et concurrentielle (IEC)", Paris, novembre 1996.

[2] *Ibid.*

[3] *Ibid.*

Les techniques de la guerre économique

Le durcissement de la concurrence a conduit les entreprises, non seulement à se doter d'un réseau de recherche d'informations, mais également à pénétrer le champ obscur de la manipulation de l'information. Neuf nouvelles techniques offensives de conquête des marchés ou de déstabilisation ont été identifiées[1] : le *benchmarking* offensif, l'attaque d'un produit par la contrefaçon, le *lobbying*, le *social learning*, le *stretched marketing*, la prise de contrôle par la normalisation, l'intelligence humanitaire, l'exploitation des affaires civilo-militaires et la guerre de l'information. Ces pratiques sont apparues depuis la fin de la Guerre froide, lors du transfert du champ d'affrontement international du domaine militaro-idéologique vers le domaine économique et culturel. Une partie d'entre elles résultent de techniques d'action psychologique élaborées lors de la Seconde Guerre mondiale. Nous nous contenterons de les présenter sommairement, leur description détaillée nécessiterait de longs développements ainsi que de nombreuses illustrations.

Le benchmarking offensif

Le *benchmarking* est une méthode d'évaluation comparative des services ou processus d'une entreprise, avec ceux d'entreprises très performantes dans leur domaine, qui constituent des modèles de référence ou *benchmarks*. Son objectif est d'étudier les points forts et les points faibles de ces produits, services ou processus, afin de parvenir à une identification précise des sources de la compétitivité et à une amélioration significative des performances. Cette technique d'analyse permet d'identifier les meilleures pratiques existant et d'agir pour les égaler ou les dépasser. Le *benchmarking* permet

---

[1] Le lecteur pardonnera les nombreux anglicismes, mais ces techniques nous viennent pour l'essentiel d'outre-Atlantique et n'ont pas encore de traductions adéquates.

ainsi de découvrir ses forces et ses faiblesses, de connaître l'organisation et les performances de ses concurrents, ainsi que leurs propres forces et faiblesses.

Le *benchmarking* peut, par exemple, apporter des réponses à des questions telles que : pourquoi nos concurrents parviennent-ils à proposer des produits similaires aux nôtres, à des tarifs inférieurs ?, Pourquoi leur rythme de production est-il plus élevé et plus rapide que le nôtre ?. Mais le *benchmarking* ne s'arrête pas au stade de l'analyse de la performance. Il permet ensuite de transposer et d'adapter les données observées à sa propre entreprise et de mettre en oeuvre les améliorations à apporter.

Le *benchmarking* peut être également utilisé de manière offensive, en déstabilisant la concurrence, à travers des tests de réaction, qui sont des enquêtes techniques menées chez un concurrent par un client qui évalue tous les aspects du service, allant jusqu'à provoquer des incidents afin de mieux étudier les failles du système. La répétition délibérée de ces incidents peut nuire à l'image ou la poursuite des activités opérationnelles du concurrent[1].

La contrefaçon

A l'origine de toute démarche de contrefaçon, on rencontre le *reverse engineering*, technique dont le principe de base est de partir d'un produit existant et de le démonter afin d'en comprendre le mécanisme, puis de le recopier en l'améliorant. On voit que c'est un concept transversal qui peut être appliqué à de nombreux champs de recherche. On le retrouve dans l'amélioration des produits technologiques purs mais aussi des programmes informatiques. En biologie, on utilise ce terme lorsque, par exemple, on décompose les ailes d'un oiseau pour comprendre comment elles lui permettent de voler. Le *reverse-engineering* est un outil adapté à une

---

[1] Ces pratiques sont particulièrement répandues entre compagnies aériennes et chaînes hôtelières.

approche produit et non à une approche procédé, laquelle reste le domaine du *benchmarking*.

Mais on peut également recopier certains produits en altérant leurs fonctionnalités. Grâce à la contrefaçon, on portera atteinte à la réputation d'une marque en réalisant des produits de moindre qualité, ou on lui volera du chiffre d'affaires. En effet, la contrefaçon touche de plus en plus de produits pour lesquels la sécurité est essentielle. Or, les faux ne respectent pas les normes de sécurité des produits imités et peuvent être dangereux. Les exemples sont légion. Les copies poupées *Barbie* sont inflammables. Les faux robots ménagers qui imitent Seb ou Moulinex n'ont pas les mêmes systèmes de sécurité que les appareils authentiques. Le prétendu Cognac qui est fabriqué en Russie avec des solvants peut rendre aveugle. Certaines copies de disjoncteurs d'une marque connue, fabriqués en Chine, ne disjonctent pas. En 1995, 3 000 personnes sont mortes de méningite au Niger, vaccinées en pleine épidémie avec de faux vaccins qui ne les protégeaient pas. Les copies imitaient les emballages des deux grands spécialistes mondiaux du vaccin : Pasteur-Mérieux et SmithKline Beecham. Elles reproduisaient des numéros de série exacts mais ne contenaient aucun principe actif. Des logiciels contrefaits peuvent détériorer les ordinateurs dans lesquels ils sont utilisés, ce qui peut être lourd de conséquences s'il s'agit de la commande d'un processus industriel ou du système de sécurité d'une tour de contrôle ou d'un aéronef.

Le lobbying

Le *lobbying* correspond à l'ensemble des actions visant à faire valoir, auprès d'institutions ou d'instances décisionnelles, les intérêts privés d'acteurs politiques, économiques ou sociaux. C'est une activité qui consiste à influencer directement ou indirectement, des processus d'élaboration, d'application ou d'interprétation de mesures législatives, de normes ou de règlements. Agissant sur ou vers des centres de pouvoir en vue d'obtenir, d'infléchir des décisions ou de s'y opposer, le *lobbying* peut aussi bien avoir pour but d'empêcher le développement ou la validation d'un produit concurrent que d'imposer ses propres vues. Plus largement, le *lobbying* correspond à toutes les tentatives de changement des règles du jeu économique par la conduite d'actions d'influence dans les domaines politique, législatif et réglementaire.

Jusqu'à une période récente, le *lobbying* était surtout utilisé par les grandes entreprises comme le moyen de faire entendre le point de vue d'intérêts économiques sur des sujets de nature technique. Mais cette logique purement normative a évolué. Le rôle du *lobbying* s'est largement étendu et sa pratique s'est élargie : il fait désormais partie des méthodes de nombreuses entreprises et organisations pour promouvoir ou défendre leurs intérêts. Cette évolution tient à de nombreux facteurs, tels que l'influence grandissante des organisations internationales ou le pouvoir décisionnel croissant des collectivités territoriales dû, notamment, à l'essor de l'Europe des régions.

L'influence s'affirme par ailleurs comme un outil indispensable sur les marchés d'accès difficile, afin de contourner les obstacles qui empêchent la signature d'un contrat. Le champ d'application des méthodes et instruments du *lobbying* s'élargit également à des situations de type commercial ou l'émetteur comme la cible d'une action de *lobbying* sont des entreprises. Par exemple, lorsque pour emporter un marché, le vendeur fait exercer sur l'acheteur une pression par des élus, par une administration, par l'opinion publique via la presse, évoquant des enjeux de santé publique, d'écologie, de développement local ou de concurrence déloyale, c'est bien de *lobbying* qu'il s'agit. D'autre part, le *lobbying* est aussi un instrument défensif lorsque des entreprises poussent les pouvoirs publics à réglementer (guerre des normes) pour protéger un marché ou une activité.

Le *lobbying* n'est pas en lui-même une action répréhensible. Toutefois son utilisation systématique, couplée à des pressions politiques ou diplomatiques d'une administration nationale est une arme redoutable dans la compétition économique et culturelle. L'influence peut s'orchestrer à des niveaux très différents. On connaît l'exemple classique de l'intervention de chefs d'Etat de pays occidentaux auprès d'un pays tiers pour lui vendre des produits militaires ou civils[1]. Mais des actions de *lobbying* aux échelons subalternes n'en sont pas moins efficaces.

Le social learning

Le *social learning* est une méthode de conquête des marchés sous couvert de socialisation des élites et des centres de décision, qui débouche sur un véritable conditionnement des esprits. Le *social learning* procède à un véritable formatage intellectuel des cadres et décideurs d'un pays visé, prenant ainsi, par des voies indirectes, le contrôle de leur référentiel de raisonnement et les orientant naturellement vers des comportements socioculturels précis ; ce qui conduit à les transformer en clients quasi assurés du pays à l'origine de cette opération d'influence très élaborée.

Le *social learning* est fondé sur l'imposition de modes de pensée, ou leur orientation, par une action psychologique fine, assurant ainsi une influence certaine sur des processus décisionnels ciblés. Il intervient essentiellement à travers la formation des futurs cadres décideurs et donne, en apparence, l'impression d'associer à son action les populations-cibles elles-mêmes. Le sens de cette manoeuvre est en réalité d'instaurer une "grille de lecture", ayant valeur de norme, qui débouchera sur des besoins marchands. Elle orientera alors en toute légitimité les publics visés vers l'offre se dissimulant derrière ce processus de formation apparemment anodin. Le *social learning* peut également prendre la forme d'une mobilisation "politiquement correcte" et neutre de la communauté scientifique internationale et des milieux de recherche universitaires pour le progrès économique et social mondial. Il instrumentalisera alors en réalité les pôles de connaissance les plus influents, les institutions internationales, les entreprises et les ONG sur des intérêts particuliers, afin de conquérir les sources d'information et les centres de décision situés aux

---

[1] Ch. Harbulot, *conf. cit.*

points névralgiques d'un pays visé. Il s'agit d'une conquête des coeurs et des esprits très en amont des marchés.

Cette action de conditionnement du mode de vie est importante, car celui-ci influence les consommateurs et modèle l'activité économique. Dès lors, imposer son vocabulaire, c'est remporter la toute première bataille. En la matière, les Américains ont pris de l'avance. "*Dans la mesure où l'américanisation du vocabulaire, de l'imaginaire accompagne celle du mode de consommation, ce phénomène culturel quasi planétaire offre l'un des supports les plus efficaces de pénétration des entreprises US sur les marchés porteurs*[1]. *(...) C'est grâce à cette imprégnation croissante que l'influence culturelle américano-britannique s'est étendue aux trois-quarts du monde. Des élites dirigeantes, des secteurs tertiaires aux bataillons "avancés" des couches moyennes, elle s'est diffusée au sein des classes populaires*"[2]. A l'ère de l'information, la diplomatie de la canonnière se voit ainsi remplacée par l'influence intellectuelle.

Le stretch marketing

Le *stretch marketing* a été inventé par la communauté des Chinois d'outre-mer, avant d'être rationalisé comme une démarche de management par les Américains. A l'origine, il s'agissait de la concertation et de la coordination des réseaux familiaux chinois afin de développer leurs affaires dans tous les domaines possibles. C'est donc un mode d'action pratiqué depuis fort longtemps. Mais le *stretch marketing* s'apparente davantage à un état d'esprit, à une philosophie qu'à une technique. C'est une démarche fondée sur l'observation attentive d'un marché socio-économique donné et l'échange d'informations entre des partenaires souhaitant identifier et exploiter au mieux les opportunités commerciales qu'il recèle.

---

[1] Rémi Kauffer, *L'arme de la désinformation, les multinationales américaines en guerre contre l'Europe*, Grasset, 1999, p. 291.

[2] *Ibid.*, p. 290.

Le *stretch marketing* possède également deux formes offensives. La première consiste à proposer à un client des solutions globales, aux déclinaisons multiples, où l'on crée en permanence l'occasion de lui proposer un nouveau produit grâce à une capacité d'anticipation de ses besoins fondée sur la maîtrise de l'information. La seconde correspond à l'offre coordonnée de plusieurs entreprises appartenant à un même groupe ou à une même nation, qui mettent en commun leurs moyens offensifs et défensifs, afin d'empêcher les concurrents des autres groupes ou nations de pénétrer un marché donné (manoeuvres de suppression ou d'interdiction de la concurrence).

La prise de contrôle par la normalisation

L'action via la normalisation s'affirme comme une remarquable méthode de conquête indirecte des marchés mondiaux en voie de globalisation toujours plus accentuée grâce à l'imposition de standards internationaux. Les pays qui imposent, à travers une politique de *lobbying* ou de *social learning*, leurs normes et leurs standards de comportements techniques et sociaux, installent en fait leur influence, puis rapidement leurs produits. Envisagées initialement comme de simples outils de spécification technique, les normes remplissent aujourd'hui une fonction beaucoup plus stratégique. Leur utilité est déterminante dans la mise en oeuvre d'une stratégie de domination technico-économique. Ainsi, devenue une arme stratégique - qui peut permettre soit de protéger son propre marché, soit au contraire de faciliter la conquête de nouvelles parts de marché - la norme constitue une arme concurrentielle à part entière et l'on parle de plus en plus fréquemment de "guerre des normes".

La prise de contrôle par la normalisation a également une version militaire : l'imposition de l'interopérabilité. En effet, la recherche de standardisation maximale des matériels et des procédures entre les armées occidentales, dans le cadre de l'OTAN, entraîne toujours le succès d'une conception sur une autre, la victoire d'un produit et d'une industrie sur les autres.

Le système ou les composantes qui sont désignés comme références de cette interopérabilité ont gagné la partie, non seulement sur le plan militaire, mais également sur tous les marchés civils susceptibles d'en découler.

L'intelligence humanitaire

L'action humanitaire, partie intégrante de l'action politique d'un grand nombre de pays occidentaux, traditionnellement outil de développement et d'assistance, est utilisée depuis quelques années comme un instrument d'influence économique et culturelle. En effet, aujourd'hui, les marchés qui apparaissent les plus susceptibles de soutenir une croissance forte sont les pays émergents, en particulier ceux qui se trouvent en situation de sortie du sous-développement, car leurs besoins sont considérables. Ils disposent souvent de fortes ressources naturelles intéressant l'Occident, pouvant être des contreparties aux investissements nécessaires et donnent donc lieu à de nombreux projets de développement.

Ainsi, depuis plusieurs années, divers Etats développés font régulièrement de l'entrisme dans les opérations humanitaires et dans des projets de développement, en vue d'en tirer des bénéfices économiques à moyen et long termes. Ils en profitent pour se positionner commercialement au coeur des économies émergentes ou des pays en sortie de crise, car les interventions d'urgence et l'aide au développement sont des vecteurs de pénétration d'une importance stratégique essentielle.

A cet effet ont été conçues des stratégies très innovantes qui s'appuient sur un discours circonstancié, dans lequel la mise en avant de l'humanisme et l'apprentissage de la démocratie permet de retourner la légitimité du développement au profit d'intérêts commerciaux. Ces démarches visent le contrôle de nouveaux marchés, en participant à des actions médicales d'urgence ou au démarrage d'Etats durablement sous-développés. Les subventions attribuées aux économies émergentes se doublent d'une offre de services ciblés sur le développement des outils (juristes pour rédiger la nouvelle loi foncière, ingénieurs pour étudier la mise en place d'un nouveau réseau routier, la reconstruction d'une ville - électricité, réseau de distribution de l'eau - l'agrandissement d'un aéroport, urbanistes pour reconfigurer le développement de zones urbaines, etc.).

Les organisations non-gouvernementales (ONG) sont les agents privilégiés de ces opérations de prise de contrôle des économies émergentes. Certains opérateurs de l'action humanitaire et du développement sont en fait "para-étatiques", jusqu'à mériter pour certaines ONG japonaises l'appellation péjorative de "GONG" *(Governmental ONG).* Outre les ONG traditionnelles, divers pays se sont dotés d'organismes gouvernementaux qui, sans rien renier de leur vocation humanitaire officielle, poursuivent de façon plus ou moins déclarée des stratégies de rentabilisation économique et politique de l'aide humanitaire, à l'occasion de crises ou de conflits, ou plus généralement à titre d'assistance à des pays pauvres.

Les stratégies d'influence et les conquêtes de marchés émergents sous couvert d'actions humanitaires et de développement sont une forme très efficace d'utilisation offensive de l'information. L'intelligence humanitaire n'est qu'une nouvelle manière d'établir, dans un pays, une solide tête de pont économique par des voies détournées. Les différentes techniques de pénétration économique et culturelle des marchés émergents, développées ces dernières années, sous couvert d'action humanitaire et de développement, ont fait leurs preuves et se révèlent d'une efficacité sans commune mesure avec le coût qu'elles représentent. L'action humanitaire apparaît ainsi pervertie par des jeux d'intérêt et de puissance et détournée de sa finalité première.

L'exploitation des affaires civilo-militaires

Le tiers de la population de la planète se trouve aujourd'hui en situation de sortie de crise. Depuis 1990, ces crises ont fait plus de 5 millions de morts et ont entraîné des destructions considérables. La remise en ordre d'un Etat ravagé par une guerre nécessite des compétences et des moyens dans tous les domaines d'activité.

Les opérations dites "affaires civilo-militaires" (ACM) consistent à accompagner la sortie de crise d'un Etat, et son redémarrage économique, en prenant garde à veiller aux besoins des populations touchées par la guerre, afin que de nouvelles frustrations ne viennent relancer les hostilités. Toutefois, on observe que les affaires civilo-militaires servent désormais de façon quasi systématique de tremplin pour l'obtention des marchés d'infrastructures ou d'équipements liés à la reconstruction du pays. Cette méthode, mise au point par les Américains, a été expérimentée lors de récentes interventions de l'ONU ou de l'OTAN (Koweït, Cambodge, Somalie, Haïti, Bosnie, Kosovo). Elle a pour but, à travers l'accompagnement du redémarrage économique d'un pays en sortie de crise, de rafler tous les marchés à leur source, en s'appuyant sur l'envoi de cadres de réserve pour faire du renseignement économique. Ceux-ci sont issus des grandes entreprises du pays considéré, en fonction des activités concernées ; ils interviennent sous uniforme, pour identifier au plus tôt les besoins en matière commerciale et d'équipement et afin de nouer avec les décideurs locaux des liens aussi étroits que possible.

Dès lors, on voit se multiplier sur les théâtres considérés des prospecteurs déguisés en militaires ou en acteurs humanitaires, des actions de noyautage des instances de l'ONU et le *lobbying* des agences nationales de développement international et de coopération. Le conflit à peine fini, les entreprises du monde entier se précipitent pour participer à la reconstruction. Tous les moyens sont bons pour rafler des contrats et profiter des financement réunis dans ce but par les organismes internationaux. Les militaires d'active de certaines nations jouent parfois même un rôle de rabatteurs d'affaires.

Lorsque les entreprises sont sur place, elles peuvent identifier les besoins et influer sur le cahier des charges. Pour que cette stratégie soit opérationnelle, il est nécessaire que des experts civils apportent leur concours aux militaires, en concertation avec eux : médecins, ingénieurs, entrepreneurs, administrateurs, enseignants, mais aussi sociologues, ethnologues connaissant bien la région, sa civilisation et sa langue.

Les marchés de reconstruction sont loin d'être négligeables. Ils ont été évalués à 50 milliards de dollars pour le Koweït, 7 milliards de dollars pour le Liban, 5 milliards de dollars pour le Cambodge, à plus de 20 milliards de dollars pour l'ex-Yougoslavie et à 5 milliards de dollars pour le Kosovo. On comprend dès lors les convoitises dont ils sont l'enjeu.

La guerre de l'information[1]

L'âpreté de la concurrence a conduit les entreprises à pénétrer le champ obscur de la manipulation de l'information. En effet, depuis quelques années, le combat se déroule sur un champ de bataille particulier où les médias jouent un rôle clé. Ceux-ci servent alors, inconsciemment ou non, de support à la manipulation de l'information.

La guerre de l'information correspond à l'adaptation du concept *information warfare* à la compétition économique et culturelle[2]. Elle consiste en l'utilisation planifiée et synchronisée des canaux d'information et de télécommunication internationaux, afin de construire ou de détruire l'image d'une entreprise ou d'un Etat dans un monde dominé par les médias. Cette technique offre à celui qui la maîtrise une grande capacité de manoeuvre. Elle peut décupler l'impact d'une offre commerciale, grâce à la mise en oeuvre d'actions d'appui à ses produits, ou contribuer efficacement à la déstabilisation de la concurrence.

La guerre de l'information est d'abord fondée sur la saisie

---

[1] Egalement dénommée communication offensive ou "infodestabilisation".

[2] Pour les militaires, la guerre de l'information correspond à la guerre du commandement en opération. Cette doctrine qui émane du Pentagone, reprise ensuite par l'OTAN, regroupe cinq composantes : la guerre électronique, les opérations psychologiques, la destruction physique des centres de commandement adverses, la sécurité de l'information et le leurrage.

précoce de sources d'information et leur "orientation" en fonction des objectifs et des publics visés. On y retrouve les grands principes de la guerre électronique appliqués à la compétition commerciale :
- savoir avant l'autre (contrôle, prédation ou confiscation des sources d'information) ;
- empêcher l'autre de savoir (interdiction ou protection) ;
- à défaut, polluer l'information (pour empêcher l'autre de réagir ou l'amener à mal réagir)[1] ;
- tout en se tenant prêt à réagir pour contrer une offensive médiatique (contre-information) et en occupant le terrain par des stratégies d'influence.

Ces techniques offensives peuvent prendre la forme de la désinformation, de la rumeur ou de la propagande. Il s'agit donc de méthodes subversives pouvant être efficacement déployées sur l'ensemble des canaux de communication médiatiques : presse, télévision, radios, tracts, réseaux électroniques, publicité, etc[2]. Internet est sur ce point un champ d'expérimentation idéal[3].

A travers ce type d'attaque, il s'agit de provoquer un événement ou un incident nuisible à la cible et d'en assurer la publicité par les canaux médiatiques. Plus que l'incident, c'est sa médiatisation qui causera le plus de dommages à la victime. L'affaire du benzène dans les bouteilles de Perrier démontre comment l'exploitation d'une faille dans la sécurité de l'information peut, en quelques jours, infliger des pertes financière énormes à une entreprise saine.

En conséquence, une entreprise qui lance un produit nouveau doit savoir qu'elle peut être l'objet d'une très large gamme de contre-attaques de la part de la concurrence. Les critères de prix ou de qualité ne sont plus déterminants. Certains adversaires choisissent d'attaquer le produit sur ses

---

1 John Aquila et David Ronfeldt, "Cyberwar is coming", *Rand Corporation study*, P-7791, Air University library, document MU-30352-16, n° 7791, p. 6.

2 *Ibid.*, p. 94.

3 Pascal Jacques-Gustave, *Introduction à la guerre de l'information*, Intelco, document interne DCI, 1996, p. 94.

caractéristiques techniques, son environnement commercial ou les deux à la fois[1]. Parallèlement, l'attaque contre l'image d'un pays peut par exemple consister :

- à décrédibiliser ses dirigeants, ses représentants ou ses institutions ;
- à nuire à la réputation de ses secteurs d'activités sensibles : en matière d'agriculture, on fera état de subventions injustement octroyées ; en aéronautique, on mettra en doute la qualité et la fiabilité des produits ;
- à déstabiliser ses entreprises les plus performantes[2].

Nulle entreprise n'est à l'abri d'une attaque informationnelle de ses produits ou d'un membre de son personnel, de la découverte de substances toxiques dans des produits alimentaires, d'hypothétiques accidents dans la consommation des biens ou des services. Ces attaques sont difficiles à contrer surtout quand les victimes méconnaissent les techniques offensives qui peuvent être mises en oeuvre et ignorent tout des contre-mesures.

Au-delà des manipulations de l'information, on assiste de plus en plus fréquemment à des manipulations de la connaissance. "*Les rapports techniques tronqués ou incomplets, les témoignages d'experts achetés, les rumeurs répandues dans les forums de discussion, la présentation fragmentaire de certaines thématiques faussent les bases d'un débat et influencent le monde économique et l'opinion publique*"[3]. Nous entrons alors dans une véritable guerre de la connaissance, qui vise à modifier les perceptions par une persuasion fondée mais faussée, et recourant à une approche quantitative massive.

La liberté désordonnée que la technique a permis dans le domaine de l'information a ouvert les vannes de la désinformation à des fins opportunistes. Dans ce domaine comme dans d'autres, l'inventivité humaine ne semble pas

---

[1] Ch. Harbulot, *La machine de guerre économique*, Economica, 1992, p. 131.

[2] P. Jacques-Gustave, *op. cit.*, p. 94.

[3] Christian Harbulot, "L'autre versant du *Knowledge Management*", Actes de la journée de découverte de l'intelligence économique, IHEDN, 20 avril 2000.

connaître de limites[1]. La guerre économique actuelle est de plus en plus fréquemment une guerre de l'information.

CE QU'IL FAUT RETENIR

La presse illustre quotidiennement la progression des délits caractérisant le développement d'une véritable concurrence par la déstabilisation et l'illégalité économique : les hostilités commerciales vont de l'espionnage industriel à la contrefaçon, du pillage de brevets au *lobbying* désobligeant, sans omettre les autres modalités de concurrence déloyale. La radicalisation de la compétition économique a généré une radicalisation des mécanismes informatifs, désinformatifs et contre-informatifs dans lesquels les techniques du renseignement prennent une place croissante. Car dès qu'il y a des marchés à conquérir, apparaissent de très fortes rivalités ; et plus les intérêts en jeu sont importants, plus les nouvelles pratiques concurrentielles se révèlent agressives. Elles se caractérisent par :

- la création de démarches de captation des informations industrielles, scientifiques et économique critiques, à travers la constitution de réseaux de renseignement et de structures "écran", a priori sans connexion avec les activités des entreprises ;
- la multiplication des stratégies politico-économico-culturelles de capture de marchés - notamment par le biais de l'action humanitaire et de la réhabilitation socio-économique de pays sinistrés - et le développement croissant des manipulations médiatiques influant directement et indirectement sur les processus de décisions de populations-cibles ;
- l'emploi généralisé de méthodes d'épuisement, d'égarement ou de déstabilisation de la concurrence.

On réalise que les démarches offensives se multiplient et

---

[1] Préfet B. Gérard, interview, *Progrès du Management*, revue publiée par l'association Progrès du Management, n° 32, juillet 1998, pp. 12-13.

aiguisent les affrontements économiques. Toutes les techniques évoquées sont de plus en plus utilisées et font chaque jour la preuve de leur redoutable efficacité, surtout lorsqu'un acteur met en oeuvre, de façon combinée, plusieurs d'entre elles. Ainsi, les entreprises sont confrontées à un environnement concurrentiel de plus en plus dur et complexe. Force est de constater que c'est bien dans une véritable guerre économique que nous sommes engagés.

CHAPITRE VI

UNE GUERRE ÉCONOMIQUE QUI N'EST PLUS DISSIMULÉE

A entendre le langage guerrier couramment utilisé dans le monde économique, on pourrait croire que le commerce c'est la guerre : les firmes sont incitées à pratiquer un marketing de combat, à conquérir des parts de marché et à se battre contre ces ennemis que sont leurs concurrents. Sommes-nous pour autant en état de guerre économique et commerciale ? Est-il approprié de recourir à ces termes guerriers ? Tout le confirme, hélas ! tant les nouvelles pratiques concurrentielles agressives développées par les entreprises, que les actions d'influence conduites, en préalable ou en appui, par les Etats. Il nous faut reconnaître que la guerre de la concurrence bat son plein et que dans le monde entier un nombre croissant d'entreprises mettent en oeuvre des méthodes inspirées des enseignements des stratèges militaires. Parallèlement et paradoxalement, elles évoluent dans une situation de coopération/concurrence.

Le débat sur la guerre économique

Depuis une demi-douzaine d'années, militaires et analystes proches du monde de la défense se sont lancés dans un débat philosophique sur l'adéquation du vocabulaire employé à la situation mondiale, cherchant à réfuter la notion de "guerre économique" en introduisant toute une série de nuances entre les mots "ennemi" et "concurrent", "adversaire" et "compétiteur". En particulier, ils considèrent que le concept d'ennemi est inapproprié à la sphère économique. C'est oublier que chaque culture fonde sa vision sur une perception différente des mots et des concepts et que ce qui est compétition pour l'un sera conflit pour l'autre. Leur tentative d'imposer une nouvelle classification s'est révélée inopérante. Limitée par le cadre culturel de leur analyse (la France, l'Europe), elle les conduit à confondre guerre militaire et guerre au sens large.

Indéniablement, la guerre économique est une réalité. Ses enjeux ne sont plus les conquêtes territoriales ou militaires mais bien la prise de contrôle des marchés et l'accroissement, pour chaque Etat, de ses revenus et de son PIB, seuls leviers d'action contre les problèmes intérieurs inhérents aux sociétés développées (chômage, immigration, fracture sociale, croissance, etc.). La compétition actuelle, dans le contexte de mondialisation accélérée, est en fait une lutte à mort pour la localisation de la valeur ajoutée. L'information, la connaissance et l'innovation sont les matières premières de cette guerre économique.

Bernard Esambert, le premier, dans un livre resté célèbre, a décrit et caractérisé ce phénomène dès 1991. "*Cette guerre est d'un genre nouveau, les entreprises en sont les armées et les chômeurs, les victimes ; son issue conditionne, en dernier ressort, le niveau d'emploi et les conditions de vie de la population. Elle est de moins en moins une guerre de position, mais une guerre de mouvement, dans laquelle la mobilité technologique constitue un élément-clé du développement de l'entreprise*"[1]. Dans ce conflit, le front est incarné par les marchés internationaux, enjeux de toutes les convoitises. Les défaites économiques se traduisent par des faillites d'entreprises, par un recul des ressources publiques et du pouvoir d'achat des particuliers, par du chômage et tous ses effets induits : fracture sociale, émergence d'idéologies radicales symptomatiques d'un désespoir réel, perte d'indépendance, etc. Les résultats de ces affrontements économiques peuvent être funestes pour certains acteurs.

Cette nouvelle perception conflictuelle des échanges ne fait pas l'unanimité. Elle est encore rejetée par nombre

---

[1] B. Esambert, *op. cit.*

d'observateurs, alors qu'il est aujourd'hui devenu essentiel de reconnaître et d'accepter la logique de rapports de force géoéconomiques. C'est pourquoi il convient de faire évoluer notre perception de la guerre et de la conflictualité, car ne pourront espérer survivre et profiter de la croissance internationale que ceux qui accepteront la cruelle réalité de la nouvelle situation mondiale. Ils sauront ainsi prévoir et déjouer les stratégies concurrentielles, anticiper et exploiter les tendances de la consommation et seront créatifs dans leur adaptation permanente aux marchés.

Toutefois, face aux nouvelles réalités de la situation mondiale, les mentalités sont longues à évoluer. Depuis une dizaine d'années, plusieurs écoles de pensée s'affrontent sur le concept de guerre économique :

- l'école ultra-libérale nie le bien-fondé du concept de guerre économique, dans la mesure où, selon elle, la guerre détruit des richesses alors que l'économie en produit. Mais ce sophisme repose sur le refus de considérer que l'affrontement a changé de dimension et de niveau. Si au siècle dernier, la concurrence opposait des entreprises libérales, depuis 1989, en raison des bouleversement de la situation mondiale, "*ce sont des Etats ou des blocs économiques qui s'opposent, mettant en jeu des moyens régaliens (diplomatie, armée, services spéciaux) pour conquérir ou conserver des marchés - l'exemple américain le démontre - dès lors, il ne s'agit plus de concurrence mais de conflits ouverts. La guerre contre l'Irak et l'intervention de l'OTAN au Kosovo n'auraient probablement pas eu lieu si la politique pétrolière et arabe des Etats-Unis n'avait pas été concernée : l'invasion du Koweït et les atrocités serbes ont fourni les prétextes nécessaires au renforcement de la politique de Washington. Ainsi le concept de guerre économique est-il aujourd'hui validé*"[1] ;
- l'école libérale[2] reconnaît la dureté des affrontements

---

[1] Général Jean Pichot-Duclos, "La France est-elle en guerre économique", Libre opinion, *Bulletin de l'Amicale des Anciens des Services Spéciaux de la Défense Nationale*, n° 183, 3e trimestre 1999, p. 29.

[2] Cf. les écrits de Philippe Baumard.

concurrentiels, mais limite la guerre économique à un *wargame* planétaire lié à la mondialisation des échanges et jouant le rôle de stimulant pour l'ensemble des compétiteurs. Mais comme le fait remarquer Guy Massé, "*la conception que nous avons de la concurrence est encore probablement trop imprégnée d'une approche libérale et industrielle néoclassique, c'est-à-dire une notion de concurrence intrinsèque réduite à la performance ; notion qui se conçoit de façon interne à l'entreprise, dans un rapport qualité/prix, alors que de nos jours la concurrence a une dimension bien plus large*"[1] ;
- l'école marxiste, ou ce qu'il en reste, considère que la guerre économique est l'expression de l'affrontement des puissances impérialistes et reste fidèle à la pensée de Boukharine, lequel estimait que l'effondrement du capitalisme résulterait d'un conflit majeur entre Etats ayant adopté ce système[2] ;
- l'école réaliste, enfin, replace le concept de guerre économique dans une perspective historique, le facteur économique n'étant qu'un facteur de rivalité ou de puissance parmi d'autres dans l'histoire des civilisations.

L'indispensable renouveau de la perception de la conflictualité

Afin d'apporter un nouvel éclairage sur ce sujet, qui a donné lieu en France à quelques débats animés entre spécialistes, il nous paraît approprié de rechercher dans l'histoire européenne, la définition de l'idée que nous nous faisons de la guerre afin de la comparer à la situation économique internationale actuelle.

---

[1] Guy Massé, "Transformations des règles du jeu concurrentiel et intelligence économique", *Revue d'intelligence économique*, n° 1, AFDIE, mars 1997, p. 66.

[2] J. Pichot-Duclos et C. Harbulot, *op. cit.*, n° 11, avril 1995, p. 20.

Le modèle de conflictualité occidental : une tradition de l'affrontement total et bipolaire

Historiquement, l'Occident a majoritairement vécu des situations d'affrontement bipolaire opposant deux acteurs ou deux coalitions : Achéens contre Troyens, Grecs contre Perses, Romains contre Carthaginois, etc. De plus, depuis la fin du XVIIIe siècle - à l'occasion des guerres de masse dont les Français furent à l'origine, à travers les armées de l'an II et l'affirmation de l'idée de nation - la guerre s'est affirmée comme une affaire de mobilisation générale et de gros bataillons ; elle s'est caractérisée par d'immenses pertes et d'importantes destructions, de grandes victoires ou des défaites totales, dans lesquelles se jouait le destin des nations du vieux continent, voire de la planète (premier et second conflits mondiaux). On a beaucoup occis et on est souvent mort pour la patrie. Les affrontements se déroulaient sur les territoires des belligérants, débouchaient sur des actions de destruction des villes et des récoltes et donnaient lieu à des rafles ou des massacres de populations, les combats terrestres étant, par nature, facilement extrêmes par leurs effets sur les économies. La guerre demeure ainsi dans nos esprits et dans nos écrits synonyme d'embrasement généralisé. Elle ne saurait avoir de version dégradée et la transposition de son principe dans la sphère économique apparaît, dans cette perspective, comme une aberration totale. Et l'on entend logiquement nos militaires et nos stratèges déclarer sans ambages qu'il ne saurait y avoir de guerre économique puisqu'il n'y a ni mort, ni sang versé. Elle ne saurait aller de pair qu'avec une guerre militaire totale, dont elle pourrait être l'une des modalités.

Au regard de l'histoire européenne, ce raisonnement est aisément compréhensible. Nous devons largement cette perception de la conflictualité au général prussien Clausewitz, l'un des adversaires de Napoléon, dont l'ouvrage magistral *De la guerre*, a profondément influencé - si ce n'est déterminé - la conception des conflits en Occident.

Les méfaits de l'héritage clausewitzien

Liddell Hart, le grand historien militaire britannique du XXe siècle, impute à l'influence posthume de Clausewitz et de son oeuvre le dogme de la guerre à outrance par la destruction des armées ennemies sur le champ de bataille. En effet, Clausewitz repoussait l'idée selon laquelle il puisse exister "*une méthode habile pour désarmer et soumettre l'ennemi sans grande effusion de sang, ce qui est la tendance fondamentale de l'art de la guerre*". Il la méprisait comme une notion due à l'imagination des philanthropes et ne tenait aucun compte de ce qu'elle pouvait être dictée par une saine appréciation de l'intérêt de la nation et prendre une autre forme qu'une lutte à mort entre belligérants. Son *a priori* fut aggravé par ses écrits, passés à la postérité, proclamant que "*introduire un principe de modération dans la philosophie de la guerre serait une absurdité. La guerre est un acte de violence poussé jusqu'à ses extrêmes limites*". Cette déclaration, enseignée dans toutes les écoles de guerre, a servi de base à l'extravagante absurdité de la guerre totale moderne[1].

Clausewitz, à travers ses analyses des campagnes napoléoniennes, considérait l'affrontement des forces en présence comme un fait inéluctable et exposait l'ensemble des mesures qu'il fallait déployer afin de parvenir à la victoire par les armes. Ainsi, son traité, *De la guerre*, est un peu une "stratégie de la bataille" dont le but est de rendre le sort de celle-ci favorable au général. L'auteur y vise la destruction rapide et totale de l'adversaire. Dans son approche, les notions de manoeuvre et de stratagème, de ruse et de tromperie sont à peine développées. Les jeux d'acteurs n'existent qu'afin d'ordonner les Etats en coalitions adverses, dans la perspective de l'engagement décisif. Ainsi, la pensée clausewitzienne, en présentant la bataille comme la seule "*activité authentique de la guerre*", ôte ses lauriers à la stratégie et réduit l'art de la guerre à la machinerie d'un abattoir[2].

---

[1] Liddell Hart B. H,, *Stratégie*, Librairie académique Perrin, 1998, p. 416.
[2] *Ibid.*, p. 415.

L'enseignement clausewitzien, reçu par des disciples aux idées courtes, incita les généraux à courir à la bataille au lieu de rechercher à créer une situation stratégique favorable permettant d'atteindre les buts fixés sans combattre. C'est pourquoi entre 1914 et 1918, l'art de la guerre se réduisit au processus du massacre mutuel, comme si la troupe et l'homme n'étaient conçus que pour être envoyés à la mort[1]. Certes, on ne peut écarter l'idée que les disciples de Clausewitz tirèrent de son enseignement des conclusions extrêmes, que leur maître n'avait nullement envisagées[2]. Mais on doit admettre que Clausewitz invitait aux interprétations erronées. Donnons-en quelques exemples :

- Le combat :

"En guerre, il n'existe qu'un seul moyen : le combat. (...) Quelque diverse qu'en soit la forme, si éloigné soit-il de l'explosion brutale d'animosité et de haine qui se manifeste dans le pugilat, quel que soit le nombre des éléments qui s'y mêlent sans appartenir au combat réel, la conception de la guerre n'en implique pas moins que tous les effets qui s'y manifestent ont pour cause le combat"[3].

La violence :

"Qu'on ne vienne pas nous parler de généraux qui remportent des victoires sans effusion de sang. La tuerie est un spectacle horrible ; raison de plus pour attacher plus de prix aux guerres, mais non pour laisser s'émousser par humanité l'épée que l'on porte jusqu'au moment ou un autre, armé d'un sabre bien tranchant, vient nous décapiter"[4].

"Ignorer l'élément de brutalité, à cause de la répugnance qu'il inspire, est un gaspillage de force, pour ne pas dire une

---

[1] Liddell Hart B. H., *op. cit.*, p. 287.

[2] *Ibid.*, p. 62.

[3] Karl von Clausewitz, *De la guerre*, Editions de minuit, 1955, Livre 1, chapitre 2, p. 76.

[4] *Ibid.*, Livre 4, chapitre 11, p. 282.

erreur"[1].

- La finalité du combat :

"Quelle est la finalité du combat ?
a) l'anéantissement des forces ennemies
b) la possession d'un objet quelconque
c) la simple victoire pour l'honneur des armes
d) plusieurs ou les trois fins ensemble.

Ces quatre objectifs ne peuvent être atteints que par la victoire"[2].

- Le rôle de la bataille :

"La fonction de l'engagement c'est :
1) La destruction des forces armées de l'ennemi est le principe suprême de la guerre, et la voie principale vers le but pour tout ce qui concerne l'action positive.
2) Cette destruction des forces armées s'effectue principalement par l'engagement.
3) Seuls de grands engagements généraux produisent de grands résultats.
4) C'est la fusion des engagements en une seule bataille qui donne les plus grands résultats.
5) Seules les batailles principales sont commandées par le général en chef, et il est naturel qu'il préfère en assumer la direction lui-même.

De ces vérités découle une double loi dont les parties s'étayent réciproquement, c'est-à-dire que la destruction des forces armées ennemies doit toujours être recherchée principalement par de grandes batailles et leurs résultats et que le but capital des grandes batailles doit consister dans la destruction des forces armées de l'ennemi"[3].

---

[1] K. von Clausewitz, *De la Guerre, op. cit.*, Livre 1, chapitre 1, p. 52.

[2] Karl von Clausewitz, *Théorie du combat*, Institut de Stratégie Comparée, Bibliothèque stratégique, Economica, 1998, pp. 25-26.

[3] K. von Clausewitz, *De la Guerre, op. cit., Livre* 4, chapitre 11, p. 279.

- La destruction de l'adversaire :

"Il faut détruire les forces militaires. Ce qui veut dire qu'elles doivent être placées dans des conditions telles qu'elles soient incapables de poursuivre le combat. (...) Il faut conquérir le territoire, car il pourrait s'y constituer une nouvelle force militaire.

Mais ces deux choses faites ne signifient pas la cessation de la guerre, c'est-à-dire de la tension hostile et des opérations hostiles, tant que la volonté de l'ennemi n'est pas également jugulée"[1].

Conséquence logique de cette influence, une grande partie des militaires - pour qui la conception de la guerre est clausewitzienne ou n'est pas - nient le concept de guerre économique et lui préfèrent celui de compétition, qui n'est pas adapté à la situation actuelle, car il passe sous silence les rapports de force et les intérêts de puissance. Ils font cela en toute bonne foi car ils ont été formés à l'école de Clausewitz. La guerre économique n'est pas pour eux une guerre car elle ne vise pas la destruction totale de l'ennemi par une concentration brutale de forces et qu'il n'y a ni mort, ni destruction massive ! Et pourtant ! Il n'y a qu'à lire l'ouvrage de B. Esambert, pour comprendre que dans la guerre économique actuelle, il y a des destructions et des victimes, des conquêtes et un front. Le refus d'accepter la réalité de la guerre économique découle largement de cette conception clausewitzienne des rapports de force et de l'affrontement, c'est-à-dire celui de la guerre totale, terriblement meurtrière, qui vise à la destruction la plus complète possible de l'ennemi.

Quels qu'aient été les apports de la pensée de Clausewitz, il ne faut pas oublier qu'à travers ses livres, il a fait davantage oeuvre d'observateur que de penseur. Ses théories ont été élaborées à partir de l'expérience des guerres napoléoniennes auxquelles il participa. Clausewitz n'avait pas connaissance d'autres formes de conflit que la guerre totale. Sa conception ne saurait être regardée comme une vérité universelle et

---

[1] K. von Clausewitz, *De la Guerre*, *op. cit.*, Livre 1, chapitre 2, p. 70.

intemporelle. Si les deux conflits mondiaux ont été d'essence clausewitzienne, ce n'est pas tant la confirmation de sa pertinence que les conséquences de son influence sur la pensée des états-majors. Car la stratégie d'anéantissement des forces adverses par la bataille décisive n'est pas l'unique finalité de la stratégie. D'autant qu'elle est impossible lorsqu'elle tentée dans un environnement qui ne s'y prête absolument pas : la victoire la plus décisive n'a aucune valeur s'il a fallu que la nation se saigne à blanc pour l'obtenir[1], Pyrrhus pourrait en témoigner !

Enracinés dans une vision bipolaire des rapports de force internationaux, les Occidentaux ont progressivement gommé de leur mémoire les formes de confrontations indirectes multipolaires qui jalonnent l'histoire de l'Humanité[2]. Or c'est aujourd'hui le retour à cette situation qui bouleverse le schéma de pensée dominant. D'autant que la situation est rendue plus complexe par l'apparition de facteurs tels que la révolution de l'information, la mondialisation et l'interdépendance. Il faut aujourd'hui reconnaître que le modèle de référence stratégique ne peut plus être Clausewitz. La tradition asiatique nous apporte une version différente - mais nullement contradictoire - de la guerre et de la stratégie.

Les modèles de conflictualité multipolaire orientaux

Les leçons de l'histoire chinoise

La tradition chinoise, aujourd'hui largement traduite et diffusée, nous permet d'appréhender une perception différente de la conflictualité et des rapports guerre/commerce à travers

---

[1] B. Lidell Hart, *op. cit.*

[2] Il existe bien sûr quelques contre-exemples, notamment Frontin, Végèce, Machiavel et Lidell Hart. Le sommet de la stratégie selon Végèce - auteur romain du IVe siècle - était d'éviter la bataille, "*journée incertaine qui décide du sort des nations*". Il consacra tout un chapitre à l'art d'esquiver une bataille, en harcelant l'ennemi par des embuscades (Philippe Ricardot, *Végèce et la culture militaire au Moyen Age (Ve-XVe siècle)*, Bibliothèque stratégique, Institut de Stratégie Comparée, Economica, 1999, p. 154).

deux exemples historiques riches d'enseignements : les périodes des Printemps et des Automnes et des Royaumes Combattants .

Au cours de la période dite "des Printemps et des Automnes"[1], la civilisation chinoise est en plein essor. Des progrès dans l'agriculture entraînent une série de mutations démographiques, urbaines, sociales, économiques et politiques, qui renforcent la puissance des royaumes chinois et leurs ambitions hégémoniques. Les guerres qui s'ensuivent mettent en branle des armées comptant des centaines de milliers d'hommes et les questions d'organisation militaire changent radicalement les règles de la stratégie. Dans ce nouveau contexte où les problèmes matériels dominent, le guerre et le commerce se développent parallèlement et se renforcent mutuellement par leurs similitudes structurelles : anticipation des circonstances, minutie de la préparation, sûreté de décision et vitesse d'action. L'interpénétration de la stratégie et du commerce a un effet modérateur sur la guerre qui évolue vers des formes sophistiquées de stratégie, en évitant les destructions inutiles[2].

Puis viennent les "Royaumes combattants"[3] qui sont une période de compétition économique sévère qu'appuient des stratégies et des armements de plus en plus sophistiqués. Une douzaine de royaumes d'importance inégale s'affrontent alors pour le contrôle de l'ensemble de la Chine. Cette période se caractérise par un conflit multipolaire, où chacun des princes chinois rêve de réaliser l'hégémonie à son profit. Dès que l'un d'eux monte en puissance et affirme ses prétentions, il provoque la formation d'une coalition qui lui fait face aussitôt. Ces coalitions se forment et se défont au gré de l'évolution des menaces. Les différents protagonistes doivent se surveiller pour connaître leur puissance respective. Les stratégies, essentiellement indirectes, jouent plus sur les alliances et les

---

[1] Du nom d'une ancienne chronique énonçant les événements au fil des saisons et couvrant la période comprise entre 770 et 475 avant notre ère.

[2] Bernard Nadoulek, *Guide mondial des cultures à l'usage des entreprises*, Editions EFE, 1998, p. 40.

[3] De 475 à 221 avant notre ère.

manoeuvres politiques que sur les batailles. Elles se superposent, s'enchevêtrent et s'annulent réciproquement, le mouvement des parties assurant plus ou moins la stabilité du tout[1].

Dans ce contexte, vaincre un adversaire ne suffit pas. Un autre peut surgir après la bataille et profiter de la faiblesse momentanée de celui qui vient de l'emporter pour l'abattre à son tour. Il faut dissuader l'adversaire par une stratégie mobile de coalition ou l'idéal du général est de vaincre sans combattre. La stratégie ne consiste pas à remporter une victoire sur le champ de bataille, mais à parer une menace avant qu'elle ne se concrétise, à s'en prendre aux intentions de l'adversaire pour les modifier par la ruse. Simulation et dissimulation jouent sur des règles culturelles communes qui permettent de prévoir le comportement de l'adversaire en agissant plus sur son esprit que sur ses forces[2]. Pendant les guerres des Royaumes Combattants, les adversaires disposent tous de stratèges qui connaissent les règles de la stratégie indirecte et de la dissuasion. De ce fait l'échiquier reste à peu près stable pendant deux siècles et demi[3]. C'est à cette époque que le stratège Sun Tzu aurait écrit son art de la guerre.

Sun Tzu et l'art de la guerre

A la grande différence de Clausewitz, Sun Tzu considère que la guerre vise à s'emparer de l'ennemi et non à le détruire, considérant que pour être rentables, les opérations militaires doivent être peu coûteuses en hommes et en temps ; donc que seules les positions faibles de l'ennemi doivent constituer des cibles. Dans cette perspective, on quitte le champ de la froide rationalité occidentale pour faire prévaloir la duperie comme la

---

1 Bernard Nadoulek, *Base de connaissances sur la mondialisation des cultures*, Aditech/CRC/Ministère de la recherche, 1992, p. 16.

2 *Ibid.*

3 B. Nadoulek, *Guide mondial des cultures*..., *p.* 41. Quelques siècles plus tard, la période des *Trois Royaumes* (220 à 265 après J.-C.) de Wei, Shu et Wu, qui succèdent à l'empire des Han, correspond à une autre phase originale d'affrontement tripolaire.

principale des qualités guerrières, supérieure au courage, à l'héroïsme et au sens du sacrifice[1]. La victoire par le moyen du stratagème est, pour la tradition chinoise, la façon de vaincre la plus admirée : "*la victoire qui n'est due qu'à la force des armes n'occupe que le troisième rang, la victoire par la diplomatie, la deuxième*"[2].

Dans *L'art de la guerre* Sun Tzu énonce "*ce qui est de la plus haute importance, c'est de soumettre l'ennemi sans combattre*". Selon ses principes, il faut soumettre l'adversaire par une combinaison de ruse, de surprise et de démoralisation ; d'où l'importance de la guerre psychologique et de l'intoxication, afin de susciter le désordre, la discorde et la confusion chez l'ennemi. Le point fort de la pensée stratégique de Sun Tzu est de réduire au minimum l'engagement armé, toujours coûteux et aléatoire. Tout doit se jouer préalablement au déroulement des événements, l'idéal étant de vaincre avant même d'avoir engagé le combat. L'art du chef de guerre est en effet de conduire l'ennemi à adopter une disposition fixe et repérable, qui donne prise sur lui, en même temps que de renouveler constamment sa propre disposition tactique de façon à le dérouter systématiquement en le prenant à contre-pied.

---

[1] Luc Jacob-Duvernet, et alii, "*Le miroir des princes : essai sur la culture stratégique des élites qui nous gouvernent*", Seuil, 1994, p. 59.

[2] On trouvera de nombreux autres exemples de la place accordée à la ruse dans la culture orientale en lisant :
- Al Qasim al Hariri, *Le livre des malins*, traduction et commentaire de R. Khawan, Phébus, 1992.
- Anonyme, *Le livre des ruses* (Islam, fin du XIIIe siècle), traduction et commentaires de R. Khawan, Phébus, 1976.
- Kautilya (attribué à), *Artha-Sästra* (Inde, IIIe ou IV e siècles après JC).

Par exemple, parmi les conseils donnés à son fils par Al-Mouhallab (gouverneur du Khorasan décédé en 702) dans son testament, on trouve celui-ci : "*Ayez à coeur d'employer la tromperie dans la guerre, car elle vous permet d'arriver au but d'une façon plus certaine que la bataille dans un corps à corps sanglant*". Dans une autre tradition on trouve ces paroles : "*Sois plus confiant dans ta ruse que dans ta bravoure et donne plus d'importance à ta circonspection qu'à ton courage dans le combat, car la guerre est une suite d'actions pour tromper l'ennemi. Ce n'est vraiment une guerre que pour celui qui se précipite aveuglément dans une opération, et c'est un nuage passager pour celui qui reste circonspect*".

Ainsi dépossédé de sa capacité défensive, miné intérieurement avant même que l'engagement ait lieu, l'ennemi s'effondre de lui-même au moment de l'affrontement ; en réalité il était déjà vaincu avant que le combat ne commence, mais ne le savait pas. Au lieu de magnifier le combat, l'art de la guerre apprend à triompher en l'évitant.

Certes, Sun Tzu dit aussi qu'une armée en campagne doit faire porter le coût de ses opérations à l'ennemi et à son territoire, mais il ne vise pas sa destruction totale. En effet, vaincre l'ennemi est une illusion car il n'y a pas de situation acquise, mais une suite de rémissions qui garantissent la survie. La logique du jeu de Go laisse toujours une porte de sortie à l'adversaire, on ne l'humilie pas et on ne l'écrase pas car ce serait lui donner le ressort moral pour une revanche éclatante. Surtout, les théoriciens chinois de la stratégie ne préconisent pas la destruction de l'ennemi, car ce serait se priver des ressources dont il dispose, qu'il vaut mieux obtenir intactes.

C'est néanmoins bien de guerre qu'il s'agit pour la réalité asiatique. Or, où sont les affrontements et leurs inévitables morts ? Sun Tzu et les stratèges chinois[1] nous apprennent que l'on peut être en guerre sans systématiquement verser le sang, sans mobiliser nécessairement la fleur d'une nation et sans transformer les territoires en champs de bataille et en ruines. Si la partie à jouer est certainement moins meurtrière que dans le cas de la guerre clausewitzienne elle-même, elle n'en est que plus difficile, eu égard au nombre de belligérants[2]. Globalement dépourvue de toute exigence morale, *L'art de la guerre*

---

[1] Consulter également *Le livre des trente-six stratagèmes* (traduit du chinois et commenté par François Kircher, Rivages poche/Petite bibliothèque, 1995) d'un accès plus facile pour des esprits occidentaux que Sun Tzu, Sun Bi et les autres stratèges chinois.

[2] Il convient toutefois de préciser que, lors des périodes historiques évoquées, les guerres chinoises furent souvent très meurtrières, autant en raison des combats que des exécutions massives de prisonniers (les récompenses accordées aux officiers et soldats étaient notamment attribuées en fonction du nombre de têtes coupées et présentées). Mais la logique de ces affrontements n'en était pas moins différente de celle de l'Occident (voir à ce sujet *Sun Tzu, L'Art de la guerre*, traduit du chinois et présenté par Jean Lévi, collection Inédit Pluriel, Hachette, 2000).

s'apparente davantage à un traité de la survie et de la préservation, qui s'applique aussi bien aux Etats dans leur politique extérieure, aux armées dans leurs déploiements, qu'aux entreprises dans leur développement. Il ne s'agit en aucun cas d'un traité de l'expansion indéfinie[1].

Ainsi, en Chine, dans les représentations mentales, la guerre jouit d'un statut ambigu. Si elle met en relief les qualités héroïques, elle appartient néanmoins à la catégorie des événements néfastes, car elle est de nature dangereuse. L'expérience a appris aux Chinois qu'après une campagne militaire, un pays se trouve tellement affaibli qu'il devient une proie facile pour ses rivaux. Il court le risque de perdre le fruit de ses victoires, s'il a triomphé, et d'être amoindri s'il a été vaincu. Ses autres voisins ne manqueront pas de mettre à profit la précarité de sa situation pour se liguer contre lui et lui arracher des possessions. Paradoxalement, dans cette société de stratèges et de guerriers, il n'est personne dont la plus grande crainte ne soit d'avoir à livrer bataille[2].

L'émergence d'un troisième modèle stratégique ?

A côté de ces deux logiques d'affrontement bipolaire et multipolaire, une troisième attitude stratégique est parfois évoquée, celle de la stratégie dite "autocentrée". Décrite par Bernard Nadoulek, à partir des écrits de Myamoto Musashi[3], celle-ci ne correspond pas à une logique d'affrontement mais à une attitude d'anticipation qui dépasse celui-ci, en rendant impossible l'expression de la conflictualité. Grâce à sa supériorité et à son attitude d'anticipation permanente, un joueur principal inhibe l'agressivité de ses adversaires. Il leur impose en permanence de nouvelles règles auxquelles ceux-ci ne peuvent faire autrement que de se conformer, toujours avec un temps de retard. En raison de cette incapacitation par l'action

---

[1] L. Jacob-Duvernet et alii, *op. cit.*, p. 49.

[2] *Sun Tzu, L'Art de la guerre*, op. cit., pp. 19, 21 et 25.

[3] Myamoto Musashi, *Ecrits sur les cinq roues* (Japon, 1643).

préemptive, ils ne sont jamais en situation d'engager le combat. Mais cela sous-entend la capacité et la volonté d'attaquer en premier, et de manière successive, les différents ennemis non coalisés. C'est en partie l'approche qui est aujourd'hui celle des Etats-Unis, en l'absence d'un ou plusieurs adversaires à leur mesure. Ce concept, s'il est intéressant, demeure encore un peu flou et mérite d'être approfondi avant d'être retenu comme modèle stratégique.

Les limites de la guerre économique

Aujourd'hui, l'affrontement frontal, clausewitzien, ne semble plus possible. En raison de l'interdépendance qui caractérise la dynamique de la nouvelle situation mondiale, une véritable guerre économique clausewitzienne entre nations industrialisées serait ruineuse pour l'économie internationale et catastrophique pour la paix mondiale. Les économies développées sont aujourd'hui devenues tellement interdépendantes que la disparition de l'une d'elles ou l'affrontement violent entre plusieurs d'entre elles, perturberaient très significativement l'équilibre économique et politique planétaire. Dans un univers d'affrontement généralisé, la défaite de chacun serait inéluctable ; les prédateurs ne survivraient qu'un temps très court à leurs ultimes proies. D'ailleurs, à travers l'histoire, la guerre des prix à outrance a toujours fini par laisser tous les combattants exsangues. Dans l'intérêt individuel et collectif, il importe donc de savoir maîtriser la montée aux extrêmes. "*La force est un cercle vicieux - ou plutôt une spirale - à moins que son application ne soit gouvernée par les calculs les plus minutieusement raisonnés*"[1].

L'une des différences entre la guerre militaire et la guerre économique est que la première est limitée dans le temps, alors que la seconde est permanente. Il faut donc passer d'une logique de guerre totale (courte et à haute intensité) à une logique de

[1] Liddell Hart B. H., *op. cit.*, p. 430.

guerre durable (longue et à faible ou moyenne intensité). Il faut aujourd'hui parvenir, dans la guerre économique qui fait rage, à une neutralisation de l'adversaire au moyen de la paralysie et non pas à sa destruction par l'anéantissement. Il faut le désorienter. Il faut le rendre impuissant plutôt que de le détruire, c'est-à-dire envisager une stratégie de mise en état d'incapacité par désorientation. D'où le rôle central de la guerre de l'information. Un stratège moderne doit penser en termes de paralysie et non de meurtre.

Il est donc possible de parler de guerre économique limitée. L'affrontement total étant impossible et destructeur - guerre improbable, paix impossible, comme l'énonçait Raymond Aron - la guerre économique actuelle peut être comparée à ce que furent les conflits dits "de faible intensité" pendant la Guerre froide (Indochine, Viêt-nam, Corée, Afghanistan...), c'est-à-dire qu'ils ne le furent jamais pour ceux qui en supportèrent les conséquences.

La situation de coopération/concurrence, principale loi de la guerre économique

La situation actuelle de guerre économique multipolaire nous situe en dehors des logiques d'affrontement traditionnelles, binaires et manichéennes. La concurrence comme la coopération sont devenues à la fois très complexes et évolutives. Ainsi nos alliés et nos ennemis d'hier sont devenus nos adversaires/partenaires d'aujourd'hui, et l'on peut être simultanément en situation de coopération très forte et d'opposition farouche avec un autre acteur, sur deux sujets différents. Ainsi, la loi de coopération/concurrence est devenue l'une des principales règles de fonctionnement des relations économiques internationales.

Tout cela nécessite une évolution des esprits et une transformation des modes d'action. Plutôt que de percevoir exclusivement le monde des affaires comme un champ de bataille et de poursuivre des stratégies de forteresses assiégées, mieux vaut donc désormais adopter une conception de l'activité économique comme un mélange de coopération et de concurrence : la "coopétition". Aujourd'hui, ne considérer ses concurrents que comme des adversaires amène à oublier l'autre face de la réalité, à savoir la complémentarité qui peut exister avec eux. Un concurrent peut aussi être un partenaire et pour gagner, il arrive qu'il faille qu'un rival gagne aussi. Une logique manichéenne entraînerait les acteurs dans une spirale suicidaire conduisant à la mort de tous. Il faut donc apprendre à collaborer avec ses concurrents.

Accepter de coopérer c'est bien entendu accroître sa dépendance vis-à-vis de l'extérieur et c'est prendre quelques risques. Mais si cela permet d'acquérir une position dominante dans une "niche", cela accroît le pouvoir de négociation de l'entreprise et sa marge de manoeuvre. Tout dépend donc de l'objectif prioritaire poursuivi par les acteurs économiques. S'ils cherchent surtout à développer un marché pour leurs produits, il y a de très fortes chances qu'ils prennent conscience que la concurrence peut les y aider. Par contre, la compétition s'imposera lorsqu'il s'agira de partager les fruits de la croissance. Que la présence de la concurrence soit un moyen d'agrandir et d'affermir un marché se vérifie régulièrement : la conjonction de plusieurs campagnes marketing convergentes, menées par des firmes voulant commercialiser des produits similaires ou concurrents suffit parfois à créer un marché là où il n'existe même pas de besoin *a priori*. Leur rassemblement générera un afflux de clientèle et un effet de mode et d'entraînement. Mais la coopération, source potentielle d'innovation et d'enrichissement peut aussi bien affaiblir l'un des partenaires de l'alliance. Elle n'est donc qu'une forme différente de concurrence. Si parfois chacun retire plus qu'il n'a investi (situation idéale de coopération *win-win)*, on peut aussi aboutir à des situations beaucoup moins positives *(win-lose* ou *lose-lose).*

CE QU'IL FAUT RETENIR

Nous avons essayé de démontrer que la compétition économique actuelle correspondait bien aux réalités d'une guerre, non selon le modèle européen traditionnel, mais en référence aux conflits chinois de l'Antiquité. La différence entre la guerre et la compétition ne se mesure pas dans l'ampleur des destructions. C'est surtout parce qu'il n'y a pas plus de règles, que tous les coups sont permis, sans aucune restriction, que la guerre est devenue une réalité.

Les acteurs qui récusent cette réalité et nient les rapports de force entre entreprises et entre Etats se voilent la face. Ils se privent de modes d'action adaptés que seuls ceux qui acceptent cette conflictualité sont capables de produire. Car la stratégie ne s'applique pas exclusivement aux conflits armés. Elle concerne également les comportements humains dans toutes les situations d'affrontement. Dans la mesure où les agissements des Etats consistent souvent à préparer ou éviter la guerre - ou bien à utiliser leurs capacités militaires pour extorquer des concessions par intimidation, sans faire véritablement usage de la force - la logique de la stratégie s'applique aussi bien aux rivalités commerciales qu'aux conflits armés.

ENSEIGNEMENTS

La complexité et la conflictualité accrues du contexte des échanges

"Le commerce qui naturellement devrait être (...) un lieu de concorde et d'amitié, est devenu la source la plus féconde des haines et des querelles". Adam Smith.

Révolution des NTIC, accélération des mutations technologiques, rupture stratégique, transfert de la conflictualité internationale dans le champ économique, mondialisation, interdépendance, etc. La nouvelle situation mondiale est complexe, les domaines de compétition s'étendent, les méthodes d'affrontement se diversifient, les règles du jeu se transforment sans cesse, les acteurs se multiplient et leurs actions interfèrent désormais systématiquement.

Il y a encore dix ans, l'Humanité pouvait espérer que la fin de la Guerre froide ouvrirait une ère de paix et de concorde entre les hommes. Il n'en est rien, bien au contraire. Non seulement la désagrégation de l'Union soviétique n'a pas fait disparaître les sources de tensions entre Etats, mais la fin DE l'affrontement bipolaire a libéré des antagonismes régionaux longtemps contenus par la rivalité Est-Ouest. De plus, l'ère de l'information a redéfini les concepts de paix et de guerre, de sécurité nationale et de compétitivité et a conféré à l'économie une place privilégiée comme domaine d'affrontement entre les nations. La guerre pour le contrôle des marchés mondiaux que se livrent les Etats et les entreprises est d'une intensité sans cesse croissante et se caractérise par un trait spécifique : elle oppose simultanément les entreprises entre elles et les Etats entre eux, et ces deux niveaux d'affrontement influent l'un sur l'autre. D'idéologique, la scène compétitive est devenue générale et l'imbrication des enjeux politiques, économiques et militaires s'affirme comme la caractéristique majeure du nouvel environnement international. Elle renforce l'opacité des compétitions commerciales et la complexité des enjeux. Cette modification qualitative et quantitative du champ concurrentiel entre les nations bouleverse les repères anciens.

La notion de guerre économique que réfutent moralement ou techniquement encore nombre d'acteurs et d'observateurs est, nous l'avons démontré, une réalité tangible. Mais elle ne peut être comprise qu'en embrassant dans leur ensemble les évolutions qui caractérisent la décennie écoulée :

- c'est la révolution des NTIC et l'accélération des mutations technologiques qui ont provoqué la mondialisation des activités, l'accélération du cycle de vie des produits, la course à l'innovation et donc l'accroissement de l'intensité concurrentielle ;
- ce sont les bouleversements géopolitiques qui sont à l'origine du transfert de la conflictualité du domaine militaro-idéologique vers le domaine économique et culturel et qui amène les Etats à interférer sans cesse davantage dans le jeu des échanges ;
- c'est le souci de préserver leurs intérêts et d'étendre leur modèle - en raison de leur victoire sur le communisme - qui conduit les Américains à cette attitude unilatérale et hégémonique, à ces abus de position dominante ;
- c'est l'ensemble de ces facteurs qui provoque la radicalisation des termes des échanges et la multiplication des pratiques concurrentielles agressives ou illégales.

Les grilles d'analyse traditionnelles de la compétition sont donc frappées d'obsolescence et les évolutions de l'environnement n'autorisent plus les acteurs à conserver les formes de raisonnement et d'action qui ont prévalu pendant plusieurs décennies. En raison de l'accroissement de l'intensité concurrentielle, les entreprises prennent conscience que les lois du marché et de la libre concurrence sont de moins en moins respectées. Il leur faut donc agir différemment, d'où la nécessité

de recourir à de nouvelles pratiques d'information afin de décrypter les affrontements économiques actuels, et à de nouveaux modes d'action, afin de s'y mouvoir.

La nature actuelle du jeu concurrentiel exige beaucoup de discernement et de finesse. Elle nécessite un état d'esprit nouveau ainsi qu'un ensemble de méthodes plus varié, car elle affirme le rôle primordial de l'information et la suprématie de l'intelligence sur la force. La nouvelle situation mondiale et ses règles du jeu imposent des transformations radicales et urgentes. Une autre approche de la compétition s'affirme incontournable.

DEUXIÈME PARTIE

LES NOUVELLES ATTITUDES À ADOPTER POUR PARTICIPER AVEC SUCCÈS À LA COMPÉTITION MONDIALE

PRÉAMBULE

L'obligation de s'adapter à un contexte turbulent

Les conséquences des récentes mutations de la situation mondiale pour les acteurs économiques peuvent être décrites grâce à une métaphore maritime. Pendant longtemps, la météorologie était favorable et le temps au beau fixe, c'est-à-dire que les règles du marché étaient claires : les acteurs apercevaient la côte et ses amers et pouvaient naviguer à vue, guidés par les phares et balises, dans des "rails" déterminés ; les concurrents et les partenaires étaient identifiés et respectaient un certain nombre de règles. Mais aujourd'hui les choses ont changé. Non seulement la mer s'est déchaînée en une tempête permanente qui disperse les bâtiments et les éloigne de la côte, mais le nombre de navires sur les océans a augmenté, ce qui accroît les risques de collision impromptus et limite les places dans les ports. De plus, certains des navigateurs sont désormais armés ou escortés par la marine de guerre de leur nation et sont déterminés à éliminer de la surface des océans tout navire concurrent. Enfin la piraterie et l'insécurité dans les ports ne cessent de croître.

Ainsi, les transformations de l'environnement politique et économique sont telles que diriger une entreprise est devenu un défi permanent. En conséquence, de nouveaux comportements doivent être adoptés par ceux qui veulent se développer ou simplement survivre dans ce nouvel environnement mondial qui change constamment sous la poussée des nouvelles technologies de l'information et des mutations géopolitiques, de l'accroissement des pressions concurrentielles et des nouveaux intérêts des Etats.

La guerre économique n'est pas une vue de l'esprit. Il

devient indispensable de s'y préparer en adoptant les comportements et les modes d'organisation adéquats, faute de quoi, la survie même des acteurs deviendra hautement aléatoire. Une telle évolution n'est pas simple, car tout changement de modèle représente une mutation profonde et rencontre des résistances. D'autant que les réflexes issus de cinquante années de concurrence réglementée sont ancrés dans les esprits. Pourtant, si les acteurs économiques veulent tirer parti du nouvel environnement mondial il leur faut impérativement intégrer les nouveaux paramètres évoqués précédemment. Pour faire face à l'instabilité, à l'imprévisibilité des événements et à la précarité des marchés, les entreprises ne peuvent plus se contenter d'être réactives, de s'adapter à un jeu aux règles sans cesse évolutives, imposé par d'autres. Il leur faut redevenir maîtres de leur destin et essayer de façonner, autant que possible, le futur selon leurs souhaits, en orientant la compétition en fonction de leurs intérêts. Il leur faut donc apprendre à :

- retrouver les vertus d'une véritable réflexion stratégique. Car la performance des entreprises est désormais liée en premier lieu à leur capacité à élaborer des stratégies originales dans un monde confus afin de surprendre et de vaincre la concurrence ;
- maîtriser les processus d'information. Les entreprises doivent se doter de structures, de moyens et de procédures permettant de développer une capacité de compréhension globale de leur environnement politique et juridique, économique et technologique, social et culturel. Il leur faut aussi savoir anticiper sur la conjoncture comme sur la concurrence. Ce qui signifie apprendre à recueillir et intégrer l'information et sensibiliser l'ensemble des acteurs de l'entreprise à son caractère désormais primordial ;
- développer un nouvel état d'esprit "combattant", qui ne limite pas l'utilisation de l'information à de la documentation passive mais l'utilise, en se dotant de moyens offensifs légaux, afin d'en faire un véritable atout compétitif dans la nouvelle dynamique internationale caractérisée par les rapports de force ;
- accorder une place pleine et entière aux nouveaux métiers liés à l'information au sein de l'entreprise ;
- savoir tirer parti des savoir-faire en provenance du monde du

renseignement, sans pour autant se livrer à des actions illégales ;
- parvenir à un management global de l'information, en agissant dans les trois dimensions de la compétition économique.

Ces différents comportements, véritables facteurs-clés de succès, sont indispensables à l'entreprise qui veut s'adapter de manière créative et avec succès aux défis actuels et futurs.

CHAPITRE VII

L'INCONTOURNABLE RÉAFFIRMATION DE L'APPROCHE STRATÉGIQUE

Une démarche indispensable mais souvent mal comprise

Par suite des considérables mutations de l'environnement, la turbulence des marchés s'avère parfois tellement prononcée que toute action paraît soumise à des aléas incontrôlables. Devant l'échec de leurs tentatives plus ou moins organisées, certains acteurs économiques se résignent et sont tentés de s'en remettre entièrement au destin, sous le prétexte fallacieux que le nouveau contexte d'instabilité remet totalement en cause la validité des approches stratégiques. Pourtant, plus que jamais, il est essentiel de définir des buts à atteindre. Une telle attitude révèle l'incapacité de nombreuses entreprises à déterminer dans quelle direction aller, parce que depuis plusieurs années, voire décennies, elles vivaient dans l'absence de stratégie la plus totale. En effet, un grand nombre de missions d'audit stratégique amènent à constater que lorsque les entreprises croient faire de la stratégie, elles font au mieux de la tactique - combien de fois avons-nous entendu de la part d'un dirigeant : "*ma stratégie est d'augmenter mes ventes de 20 %*" - ou sont simplement suiveuses de leurs concurrents sur un marché, lesquels, en les obligeant chaque jour à réagir, à s'adapter voire à contre-attaquer, leur donnent le sentiment erroné qu'elles ont une stratégie. Certains confondent la somme des décisions que nécessite la gestion des différents domaines de leur activité comme étant de la stratégie. D'autres encore ne se posent même pas la question. Par ailleurs, certaines firmes, dont les activités les ont portées spontanément à adopter les NTIC et qui ont su en tirer adroitement parti, s'en remettent aujourd'hui entièrement à ces nouveaux outils et véhiculent, auprès des autres entrepreneurs, un discours réducteur, assimilant les nouvelles attitudes stratégiques à la seule adoption de ces nouveaux instruments, à la transformation de la firme en une organisation virtuelle et au développement du commerce électronique.

Il existe donc, dans le monde économique, une série de confusions majeures entre stratégie, ambitions, objectifs, axes de développement, tactique, etc. Ces confusions sont largement imputables à une certaine littérature de management dont le vocabulaire, emprunté au domaine militaire, est utilisé parfois en dépit du bon sens et ne fait que renforcer les illusions des dirigeants d'entreprises. Certains éclaircissements s'imposent, qu'il s'agisse de rappeler la nécessité de définir des buts, d'effectuer la différenciation entre stratégie et tactique ou d'appréhender les nouvelles conditions de la stratégie à l'ère de l'information.

Réapprendre à définir des buts

Pour les acteurs économiques, il est aujourd'hui plus que jamais indispensable de disposer de buts clairs et d'une vision forte de leur finalité, pour continuer à avancer malgré l'incertitude. La performance d'une entreprise demeure conditionnée par la clarté de ses finalités, seule capable de permettre l'élaboration d'une stratégie efficace. Ce n'est pas essentiellement d'instruments de pilotage qu'elle a besoin ; souvent ceux-ci existent et sont de qualité. C'est d'une direction à suivre. Les outils et la méthode, seuls, sans stratégie, ne sauraient suffire. Il faut en revenir au "pourquoi". Or, dans la grande majorité des cas, les dirigeants raisonnent sur le "comment". Sans buts définis, la stratégie perd une grande part de son utilité et se réduit souvent à la tactique. L'entreprise ne fait que gérer les affaires courantes et s'adapte, au coup par coup, à l'évolution de son environnement.

Les objectifs que l'entreprise se fixe découlent naturellement de son dessein, des anticipations qu'elle a faites sur les marchés grâce aux moyens dont elle dispose pour les surveiller. La définition des buts exige du temps, de réfléchir et de débattre. Mais, au terme du processus, si le travail a été correctement accompli, il permet de déterminer ce à quoi l'acteur peut et doit aboutir. Dès lors, les voies et les moyens d'action se trouvent facilement et la définition claire des buts rend plus aisée les choix tactiques à effectuer en fonction de l'évolution du contexte. Ainsi, l'entreprise ne se laissera pas distraire par des activités qui ne correspondent pas à sa vocation ou à ses intérêts. La claire expression d'une volonté investit la stratégie d'une de ses fonctions principales : donner un sens à l'ensemble des actions entreprises. Cela signifie qu'en amont même de la stratégie, l'exercice de définition des objectifs est essentiel et ne saurait être négligé.

Effectuer la différenciation stratégie/tactique

La stratégie (militaire) est l'art de combiner les forces en vue d'atteindre un but de guerre déterminé par la direction (politique). Transposée dans le domaine économique, nous pouvons dire que la stratégie est l'art de structurer des potentialités, de mobiliser des énergies et d'en conduire le mouvement dans un univers complexe, pour atteindre un objectif préalablement défini.

La formulation de la stratégie est un acte qui traduit en manoeuvres les objectifs de l'entreprise. La responsabilité du stratège consiste à atteindre les buts qui lui ont été fixés aux conditions les plus avantageuses. Sa véritable préoccupation ne sera pas tant de rechercher l'affrontement que de créer une situation favorable le conduisant à la réalisation des buts fixés. *"En stratégie, (...) il n'y a pas de victoire. D'une part, le succès stratégique est la préparation favorable de la victoire tactique ; plus le succès stratégique est grand, moins la victoire au cours de l'engagement sera douteuse. D'autre part le succès stratégique consiste à savoir se servir de la victoire acquise"*[1].

En effet, la stratégie n'a pas à vaincre de résistance, sauf

[1] K. von Clausewitz, *op. cit.*, Livre 6, chapitre 3, p. 406.

celle que lui oppose la nature. Le stratège envisage les événements qui pourraient arriver ; il prend en compte le possible et l'impossible, le probable et l'improbable, fait des hypothèses et leur trouve des réponses qui satisfont à ces critères. Son dessein est de réduire les possibilités de résistance[1]. Le propre du stratège est donc d'anticiper, de prévoir son action avec plusieurs coups d'avance et selon plusieurs modalités possibles, pour arriver au but. L'objectif est bien de gagner la guerre et non les batailles. Il anticipe, décide, fixe les règles et les fait respecter. Régulièrement, il remet l'ouvrage sur le métier pour actualiser les données, pour corriger légèrement le cap et, le cas échéant, préparer une nouvelle organisation stratégique. Le rôle du stratège s'arrête à la frontière de la tactique ; son dessein est de réduire les combats à la plus faible proportion[2].

En complément de la stratégie, la tactique permet de maîtriser les mécanismes de combat pour parvenir à la victoire sur le champ de bataille (marché). La tactique est donc l'art de conduire l'engagement et de parvenir au succès par :

- la maîtrise des conditions du combat (évaluation des rapports de force, configuration du terrain, appréciation du dispositif ennemi, des conditions météorologiques, du moral des troupes, des mouvements possibles de l'adversaire, etc.) ;
- La faculté d'organiser au mieux ces conditions dans la perspective de l'engagement ;
- la capacité à improviser pour parer les menaces imprévues et saisir les opportunités. Un acteur ne peut prendre de décisions tactiques rapides que s'il dispose d'une stratégie ; il réagira alors seulement sur les modalités ;
- La faculté de commander les hommes et de les galvaniser dans l'action[3].

En résumé, la stratégie est l'art de la manoeuvre au service d'une vision politique, la tactique étant, quant à elle, relative à l'emploi judicieux des forces dans l'engagement.

---

[1] Liddell Hart B. H. *op. cit.*, p. 396.

[2] *Ibid.*, p. 57.

[3] B. Nadoulek , *La mondialisation des cultures*..., *op. cit.*, p. 24.

Les nouvelles conditions de la stratégie

Au cours de sa brève histoire, la stratégie d'entreprise a connu de profondes évolutions de définition et de cadre théorique. En s'inspirant de la stratégie militaire et des principes de la guerre, la stratégie d'entreprise fut d'abord définie comme l'art de combattre sur le champ de la concurrence. Puis, la conception dominante de la stratégie évolua vers l'acquisition et la maîtrise de ressources et de compétences permettant à la firme de se différencier de ses concurrents, de déployer ses activités, d'innover ou de disposer d'une flexibilité suffisante pour s'adapter aux évolutions de l'environnement ou aux stratégies adverses[1].

Aujourd'hui, la révolution de l'information révèle de nouvelles conditions de la stratégie. Appliquées aux entreprises comme aux armées, les NTIC provoquent une véritable rupture dans le mode de gouvernement des forces, lequel ne saurait être désormais effectif en l'absence de véritables systèmes d'information et de commandement, reliant les composantes opérationnelles dispersées au centre de décision. Certains auteurs vont jusqu'à dire que cette mutation est d'une importance comparable à celle que provoqua, à la fin du XVIIIe siècle, la mise en oeuvre du principe divisionnaire par les armées de la Révolution et de l'Empire. Indéniablement, l'entrée de nos sociétés dans l'ère de l'information amène le stratège à se poser plusieurs questions essentielles. Dans quelle mesure la puissance de ces nouveaux moyens rétroagit-elle sur leurs fins d'instruments de la stratégie ? L'explosion des capacités technologiques en matière d'information et de communication remet-elle en cause la nature et les dimensions de la stratégie et des projets qu'elle sert[2] ? Avec les NTIC, les conditions, les moyens et les dimensions de la stratégie changent ; mais la manière de la définir et de la conduire ne s'en trouve pas fondamentalement transformée. La révolution technique que nous vivons ne bouleverse pas plus les processus de

---

[1] Jean-Claude Tarondeau, *op. cit.*, p. IV.

[2] P. Fayard, *La maîtrise de l'interaction. L'information et la communication dans la stratégie*, collection Stratégie, Editions 00 h 00.

formulation stratégique que la découverte des armes à feu, de l'aviation ou du nucléaire en leur temps. Ceux qui l'affirment s'égarent. Une telle perception traduit un confusion réelle entre révolution technique - ou tactique - et révolution stratégique et elle semble sous-tendue par une fascination technologique aveugle. Chaque époque a connu ses ruptures technologiques. Or, à la longue, toute innovation tend à se généraliser. Elle ne confère un avantage initial qu'à ceux qui ont su l'identifier et l'intégrer avant les autres, dans tous les champs d'application de la stratégie. Mais, pas plus aujourd'hui qu'hier, les solutions ne viendront de la seule technique. Si aujourd'hui le facteur de rupture se situe dans la technologie, il reste à concevoir les concepts et les modes d'organisation susceptibles d'en tirer tout le profit[1].

Le nécessaire apprentissage de la démarche stratégique

Concevoir des stratégies compétitives est un exercice qui ne relève ni de l'improvisation ni du hasard. Cela nécessite un savoir et des méthodes spécifiques. C'est pourquoi il est indispensable d'en revenir à l'étude des principes fondamentaux. Nous n'avons pas la vanité de vouloir donner un cours de stratégie aux dirigeants d'entreprises ; celle-ci nécessite un long apprentissage fondé sur l'expérience et d'autres que nous, plus qualifiés, ont publié d'excellents traités sur le sujet. Mais nous souhaitons, à travers le rappel de quelques principes essentiels, les amener à s'interroger sur l'existence et la pertinence de leur stratégie, ainsi que sur ces chances de succès. Les quelques notions que nous allons aborder ne sont qu'une incitation à la réflexion sur la démarche stratégique dans l'entreprise à partir de la problématique et de l'expérience de la stratégie militaire. Retrouver les fondements de celle-ci permet de mieux la comprendre et donc de la transposer plus efficacement à la situation des entreprises projetées dans la guerre économique. Car il existe de nombreux points communs entre la stratégie militaire et la stratégie

---

[1] P. Fayard, *op. cit.*

d'entreprise : définir un objectif, planifier sa réalisation en prévoyant les réactions adverses, fédérer et mobiliser les hommes dans une dynamique de réalisation. Hors de ces règles, point de salut.

Les principes fondamentaux de la stratégie

Il existe plusieurs principes incontournables en stratégie. L'histoire n'a cessé de les illustrer et l'actualité les confirme toujours: la concentration des forces, l'économie des moyens, l'initiative, la combinaison rapide des actions, la surprise. Rappelons-en la teneur en quelques lignes.

La concentration des forces

A la guerre comme dans les affaires, le principe de concentration est essentiel. Il faut additionner les différents moyens dont l'on dispose afin d'obtenir, dans chaque situation rencontrée, le maximum de puissance. Il faut être fort au moment et à l'endroit décisif, c'est-à-dire bénéficier de la supériorité locale au point d'équilibre d'un conflit. Comme l'entreprise n'aura jamais tous les moyens désirés, elle sera obligée de concentrer ses forces (R&D et investissements). Ce sont la vitesse et la capacité à se concentrer et à se redéployer qui garantissent le succès. Toutefois, en-deçà d'un certain seuil de puissance, certains moyens sont inefficaces. De plus, la concentration des forces n'a de sens que si elle s'applique sur un point faible de l'adversaire (actionnariat insuffisamment verrouillé) ou du marché (niche inexploitée). Si l'on veut que le coup agisse avec son plein effet, il faut appliquer le poids de sa propre force là où l'adversaire se révèle être particulièrement vulnérable ; en attaquant ses points faibles, on fragilisera également ses point forts. L'objet de la stratégie consiste donc aussi à déceler et à atteindre le "talon d'Achille" du concurrent.

L'économie des moyens

S'il est indispensable d'être le plus fort sur un point donné, il faut néanmoins conserver une certaine prudence en ne mettant en jeu que la quantité de moyens strictement nécessaire. Il convient d'en engager le moins possible pour parvenir à sa fin. Le calcul de l'effort minimum pour le plus grand profit est la constante de la stratégie. Lidell Hart recommande toujours de réduire le combat à ses plus faibles proportions. Obtenir sans engager soi-même ou faire jouer les moyens des autres est le sommet de cet art.

L'initiative

Pour sortir de la domination ou de la réactivité - laquelle ne débouche que sur des solutions du moment - les entreprises doivent renforcer leur liberté d'action et veiller à garder l'initiative. En stratégie, conserver l'initiative c'est opérer avec un rythme plus rapide que celui de ses adversaires (cf. la capacité d'innovation). La victoire appartient à celui qui, d'une manière réitérée, observe, oriente, décide et agit plus rapidement et plus précisément que ses compétiteurs. Ce faisant, il replie ses adversaires sur eux-mêmes et rend leurs réactions totalement déplacées par rapport à la situation réelle. En d'autres termes, l'objectif de la manoeuvre est de rendre l'ennemi impuissant en ne lui laissant pas le temps de s'adapter mentalement à l'enchaînement rapide des événements et à l'évolution de la situation[1].

La combinaison rapide des actions

Pour maximiser le désarroi adverse, il faut prévoir d'agir

[1] D. S. Fadok, *La paralysie stratégique par la puissance aérienne : John Boyd et John Warden*, Institut de stratégie comparée (en collaboration avec la Fondation pour les études de défense et l'Armée de l'air), Collection Hautes études stratégiques, n° 10, Economica, Paris, 1998, pp. 32-33 et 35.

selon divers modes d'action devant être exécutés avec la plus grande rapidité possible. Cette combinaison d'actions variées et rapides sert à surcharger la capacité dont l'adversaire dispose pour identifier et traiter les événements qui le menacent. L'objectif opérationnel est d'entraver sa capacité à prendre des décisions et à agir convenablement. En conséquence l'ennemi deviendra incapable de déterminer ce qui lui est infligé et la manière dont il doit répondre. Finalement, sa confusion initiale dégénérera en panique paralysante et sa capacité de résister cessera[1].

Pour cela, à l'image des forces armées modernes, de plus en plus professionnalisées et technologiques, les entreprises doivent être mobiles et rapides, adaptables et innovantes. Il leur faut préparer cette indispensable variété des leviers d'action, c'est-à-dire développer par anticipation des modes d'action pluriels, originaux, susceptibles de dérouter l'adversaire, ainsi que les possibilités d'alliance les plus diversifiées. L'entreprise doit donc bouger : diversification, partenariats, nouveaux marchés, nouveaux produits, etc. L'entreprise leader des années 1980 avait gagné la bataille de la productivité et de la qualité. L'entreprise gagnante des années 2000 sera l'entreprise en mouvement, capable d'anticiper, de s'adapter et de se transformer en permanence, plus rapidement que ses concurrents, pour constamment renforcer sa position sur des marchés mondiaux en permanente évolution.

La surprise

La surprise est un principe essentiel de la stratégie. L'histoire a maintes fois démontré qu'elle était, dans le domaine de la guerre, l'arme absolue qui permet à celui qui l'utilise d'inverser les rapports de force. "*La surprise est à la base de toutes les entreprises sans exception ; mais elle diffère beaucoup de degré selon la nature de l'entreprise et les circonstances concomitantes. (...) Le secret et la rapidité sont les deux facteurs de ce produit ; tous deux supposent une*

---

[1] D. S. Fadok, *op. cit.*, p. 33.

grande énergie (...). Avec de la mollesse et des principes peu rigides, il est inutile d'hasarder un coup par surprise"[1]. Appliquée à la compétition technologique, la surprise sous-entend innovation et industrialisation rapide. Mais elle ne s'obtient qu'en combinant deux éléments : le secret, pour ne pas permettre à l'adversaire de percer les intentions et de prévoir les actions ; la duperie, pour orienter l'adversaire dans une mauvaise direction.

Les nouveaux facteurs-clés de la stratégie

Les nouvelles conditions d'exercice de la stratégie induites par la révolution de l'information réhabilitent, plutôt qu'elle n'introduisent, diverses notions relevant du processus stratégique, mais que l'histoire ou divers courants de pensée dominants avaient relégués dans un oubli relatif. Ainsi, la maîtrise de l'information et le recours aux stratagèmes voient aujourd'hui leur utilité rappelée avec force. Parallèlement, le nouveau contexte amène à repenser la notion de secret et à intégrer systématiquement l'incertitude dans les processus de pilotage.

La maîtrise de l'information

Dans la formulation des grands principes stratégiques, les penseurs occidentaux, notamment Clausewitz et Foch, passent le facteur information - c'est-à-dire le renseignement - sous silence. Non qu'ils le considèrent comme un préalable évident ; à la différence des stratèges orientaux, ils l'omettent ou le tiennent pour négligeable. La première condition pour agir opportunément est pourtant d'être informé. Le tout n'est pas d'avoir défini des buts de guerre, encore faut-il les avoir arrêtés en fonction du contexte et avoir évalué qu'ils soient réalisables. Pour cela, la première étape de tout processus d'élaboration d'une stratégie repose sur l'information, car il faut obtenir une

---

[1] K. von Clausewitz, *De la guerre, op. cit..*, Livre 3, chapitre 9, p. 207.

image aussi exacte que possible d'une réalité par nature floue et changeante. La stratégie nécessite donc une somme organisée d'informations contradictoires pour pouvoir être formulée pertinemment.

Il est primordial de respecter le principe qui situe le renseignement à l'origine de toute réflexion stratégique. Celui-ci est indispensable à la planification, à la conduite de l'action et contribue de façon déterminante au succès de celle-ci : il faut savoir avant d'agir, savoir pour pouvoir. L'information rétroagit en permanence sur le processus stratégique et rend possible la formulation de nouvelles options en temps réel.

Les entreprises ne peuvent donc plus faire l'économie d'un outil d'information consacré à leur environnement, sous peine d'être victimes de la compétition et de perdre rapidement les positions acquises. Le succès de leurs stratégies dépend notamment d'une bonne compréhension des stratégies adverses. Qu'il s'agisse de se protéger contre l'entrée sur le marché de nouveaux concurrents ou de modifier à son avantage les conditions d'équilibre d'un marché, une stratégie doit prendre en compte les anticipations sur lesquelles se fondent ses concurrents. Il lui faut prévoir leurs actions et se donner la possibilité d'anticiper chacune d'elles. D'où la nécessité de disposer d'informations adéquates. La victoire ne peut donc s'affranchir du contrôle de l'information.

Le recours au savoir ancestral des stratagèmes

Selon Sun Tzu, *"la guerre, c'est l'art de duper. C'est pourquoi celui qui est capable doit faire croire qu'il est incapable. Celui qui est prêt au combat doit faire croire qu'il ne l'est pas"*. La duperie se situe à l'opposé de l'ostentation guerrière. Pas d'étalage de force, pas d'intimidation ni d'arrogance. Elle exige un véritable apprentissage intellectuel. Pour mieux foudroyer l'adversaire, il faut apprendre à courber l'échine. La duperie doit rendre la victoire la moins coûteuse possible. Poussée à l'extrême, elle permet de vaincre sans combat et s'oppose ainsi à toute forme de gaspillage guerrier[1].

La théorie des stratagèmes est une composante importante de la théorie militaire. Lorsqu'un chef militaire décide de prendre l'initiative, son succès dépendra beaucoup de sa capacité à se montrer supérieur à son ennemi par l'utilisation habile de subterfuges. Cela lui permet de transformer une situation défavorable en avantage, de vaincre une force supérieure avec peu de moyens, voire même parfois, d'abattre son adversaire sans utiliser la moindre force militaire. "*La guerre n'est pas un jeu qui se gagne au poids, mais par l'intelligence et la finesse des chefs. L'essentiel pour battre l'ennemi n'est pas la force mais la ruse : il faut tromper l'ennemi, l'inquiéter, le désorganiser par une approche imprévue, créer ainsi un point faible et l'exploiter à fond*"[2].

Dans un chapitre précédent, nous avons évoqué la culture orientale des stratagèmes. La tradition occidentale - en particulier grâce à la Grèce, qui n'a nullement ignoré les formes de l'intelligence rusée[3] - n'est aucunement dénuée d'une culture en la matière, bien que celle-ci demeure méconnue[4]. Mais ces formes de l'intelligence ont été ultérieurement occultées par la tradition philosophique dominante - surtout platonicienne - qui

---

[1] L. Jacob-Duvernet et alii, *op. cit.*, p. 60.

[2] Général Beaufre, *Le drame de 1940*, Plon, 1965, p. 59.

[3] Pour plus d'information sur la culture grecque des stratagèmes, le lecteur pourra consulter : Détienne Marcel et Vernant Jean-Pierre, *Les ruses de l'intelligence : la mètis des Grecs*, Paris, Flammarion, 1974.

[4] Par exemple, les sophistes grecs, contemporains des stratèges chinois, ont en commun d'opposer la ruse à la violence et l'intelligence à la force. La tradition hellène a su faire place au flair, à la sagacité, à la feinte, à l'attention vigilante, au sens de l'opportunité. Ainsi, l'Iliade nous présente moins Ulysse comme un soldat que comme un négociateur ou un commerçant rusé. Quelques siècles plus tard, les Vikings, à l'occasion de leurs invasions, usèrent sans cesse de stratagèmes pour conduire leurs raids ou défendre leurs établissements face à un ennemi toujours supérieur en nombre. Ces pratiques figureront dans l'héritage du duché de Normandie puis de l'Angleterre. Au cours de la Renaissance, le contexte complexe et trouble des guerres d'Italie permit à Machiavel d'élaborer ses principes de gouvernement et ses théories d'action. Influencé par les jeux de coalition qui caractérisèrent cette épisode historique, où les rivalités des Etats européens se superposaient à celles des villes italiennes, Machiavel accorda une large place à la dissimulation et aux subterfuges.

tenait pour vil tout ce qui relevait du monde sensible et n'admettait de véritable science que des vérités éternelles, démontrables par le raisonnement. Ce que n'ont fait qu'accroître la rationalité cartésienne puis la société industrielle. Pourtant, dès l'Antiquité, Sun Tzu avait énoncé que *"ce qui, lors d'une attaque ennemie rend une (...) armée invincible, c'est la combinaison du normal et de l'anormal. (...) A la guerre, on utilise en général le normal comme un facteur accessoire. La victoire, elle, ne s'obtient que par l'anormal. (...) Celui qui sait bien utiliser l'anormal est capable de se transformer aussi infiniment que le ciel et la terre, il est aussi inépuisable que fleuves et rivières"*.

Les stratagèmes sont des ressources qu'il ne faut pas négliger et qu'il convient de remettre en vigueur, car ils sont tout à fait adaptés à la situation actuelle. Ces subterfuges qui permettent à la fois de se défendre, de contre-attaquer, ou de conquérir en privilégiant l'économie des forces et la surprise, sont aujourd'hui d'autant plus essentiels que nous sommes entrés dans l'ère du virtuel et de l'immatériel, ce qui leur donne une résonance et une efficacité considérables. Les progrès techniques et scientifiques obligent quelquefois à appliquer les stratagèmes selon de nouvelles méthodes ou à leur donner un contenu nouveau, mais le fond demeure relativement stable.

La nouvelle dimension du secret

Autrefois, l'information et le secret conféraient l'avantage parce qu'ils permettaient de prendre l'adversaire à contre-pied, de jouer de surprise, de mettre l'autre en réaction. Mais à l'âge de l'information, la notion de confidentialité est dépassée. L'ère des nouvelles technologies de l'information et de la communication ne permet plus à des individus, des organisations ou des gouvernements de contrôler celle-ci et de restreindre sa diffusion. Il devient virtuellement impossible de protéger un secret à l'age de l'information. Ainsi, la notion de secret elle-même évolue. L'accélération des découvertes et la multiplication des sources d'information rend obsolète la protection passive du savoir. Aujourd'hui grâce à la performance des moyens de communication et à la rapidité avec laquelle doivent se prendre les décisions, la vitesse d'exploitation d'un renseignement s'affirme comme la meilleure sécurité et l'avantage opérationnel est passé dans le camp de ceux qui utilisent rapidement et systématiquement l'information. A quoi bon s'angoisser quant à la protection de ses données si au moment où la concurrence s'en empare, leur exploitation concrète est déjà largement en cours. L'énergie économisée dans la protection est alors réinvestie dans l'action. La compression du processus qui va de l'identification des données à la décision mise en oeuvre apparaît comme un nouvel avantage concurrentiel. Mais cette évolution pose le problème de la protection des brevets stratégiques en de nouveaux termes.

En conséquence, il convient plutôt d'adopter le modèle du "coffre-fort", qui oblige à réduire le secret aux seules connaissances cruciales que les concurrents ne peuvent obtenir par d'autres voies et à rendre ce secret impénétrable à n'importe quel prix, plutôt que celui du *bunker*, qui cherche à tout protéger. Il est pour cela essentiel d'appliquer l'analyse de la valeur à l'information. En effet, celle-ci est composée d'éléments qui n'ont de sens et de valeur opérationnelle que les uns par rapport aux autres : il est improductif d'en connaître presque tout si l'on en connaît pas l'élément crucial. C'est donc celui-ci qu'il importe de tenir strictement secret en sachant que la sûreté de l'ensemble dépend de lui.

Intégrer l'incertitude dans les processus de pilotage

"*La guerre est le domaine de l'incertitude ; les trois quarts des éléments sur lesquels se fonde l'action restent dans les brumes d'une incertitude plus ou moins grande. (...) La personne agissante se trouve sans cesse placée devant des réalités différentes de celles auxquelles elle s'attendait. Ce qui rejaillit forcément sur ses plans, ou tout au moins sur les idées qui s'y intègrent*"[1]. Karl von Clausewitz.

---

[1] *De la guerre*, *op. cit.*, Livre 3, chapitre 1, pp. 182-183.

Les imprévus et l'incertitude sont les principaux ennemis de toute stratégie. Les actions les mieux étudiées peuvent échouer ou tourner court à la suite d'incidents mineurs qui prennent de l'importance parce qu'on ne les a pas prévus et qu'ils perturbent les processus de pilotage. L'instabilité croissante du nouvel environnement mondial accroît cette tendance. C'est pourquoi ne attitude réaliste consiste à considérer que l'imprévu se présentera ; on ne sait ni quand, ni où, ni comment, mais il adviendra. Il s'agit alors de préparer les esprits et les processus de pilotage à s'adapter aux situations inattendues et à savoir modifier les programmes d'action lorsque cela s'avérera subitement nécessaire. L'incertitude n'est plus alors considérée comme une anomalie extérieure au processus stratégique, mais elle y est intégrée.

Dans un tel contexte, une excellente réaction consiste à développer la méthode des scénarios telle qu'elle utilisée par les firmes américaines. Celle-ci peut être comparée à la répétition des katas pratiquée dans les arts martiaux et correspond alors à une méthode d'entraînement des entreprises. A l'image des sports de combat, chaque scénario correspond à une technique ou à une défense face à une situation donnée. Les pratiquants savent cependant pertinemment, dans les arts martiaux comme dans la méthode des scénarios, qu'en réalité, les événements se passent tout à fait différemment. Mais il reste toujours quelque chose de l'entraînement lorsque l'on se retrouve confronté à une situation de crise ou à tout type de menace non prévu ou non étudié : la disposition d'esprit, les réflexes, l'aptitude. Lorsque l'agression surgit, on y répond avec des éléments déjà étudiés dans différents scénarios ou katas ; c'est-à-dire que, s'il n'y a quasiment aucune chance que l'on utilise intégralement un enchaînement étudié, l'acteur va parer, puis contre-attaquer en enchaînant différentes techniques apprises et répétées à travers les différents scénarios étudiés. L'imprévisible se trouve ainsi réduit à sa plus simple expression ; il est alors possible de faire preuve de pragmatisme et de créativité.

Il ne faut pas rejeter la méthode des scénarios sous prétexte qu'aucun de ceux envisagés ne se réalisera intégralement, ni attendre du hasard ce que l'on néglige de préparer. Il faut être capable de se constituer un capital de recettes stratégiques. dans lequel il sera possible de puiser avec discernement en fonction des impératifs de la situation[1].

Le bréviaire stratégique de Liddell Hart

En guise de résumé des propos qui précèdent, une nouvelle fois, s'impose la référence aux écrits du stratège britannique, grand promoteur de la stratégie indirecte - qu'il va jusqu'à considérer comme la "seule" forme véritable de stratégie - dont l'enseignement devrait, avec celui de Sun Tzu, détrôner Clausewitz dans les écoles militaires et les écoles de management. Les principes qu'énonce Lidell Hart sont particulièrement adaptés au nouveau contexte de guerre économique.

"La conduite de la guerre doit être commandée par la raison si l'on veut qu'elle remplisse son objet. En effet :
1 - Si le combat est un acte physique, la direction du combat est un processus mental. Meilleure est votre stratégie, plus facilement vous obtiendrez ce que vous visez, et moins le coût de votre opération sera élevé.
2 - Inversement, plus vous dépensez vos moyens, plus vous accroissez les risques de voir le fléau de la balance pencher à votre détriment. Et même si vous parvenez à arracher la victoire, moins vous serez fort pour tirer profit de la paix qui lui succédera.
3 - Plus vos procédés seront violents, plus vous exaspérerez vos adversaires ; ce qui aura pour résultat normal de durcir leur résistance que vous tentez de maîtriser. Ainsi, plus les deux partis rivalisent dans la même voie, plus il sera sage d'éviter la violence extrême dont les excès tendent à renforcer la cohésion des troupes et du peuple ennemi derrière leurs chefs.
4 - Ces raisonnements ont des prolongements. Plus vous paraissez vouloir imposer une paix qui soit la paix de votre choix, et ceci par la conquête, plus fort et mieux consolidé sera l'obstacle que vous susciterez ainsi sur votre chemin.
5 - En outre, plus vous vous montrez exigeant envers votre

---

[1] D. S. Fadok, *op. cit.*, p. 38.

adversaire battu, lorsque vous atteignez votre but militaire, plus vous vous préparez de difficultés, plus aussi vous lui fournirez de motifs à une ultime tentative pour remettre en cause la situation acquise par la guerre"[1].

Personne n'a, mieux que lui, résumé les principes essentiels qu'il convient d'adopter. Ceux-ci demeurent d'une totale actualité. Leur méditation est un gage de prudence, une source d'infinies possibilités d'action et une garantie de réussite.

"*Principe positifs :*

- *Ajustez votre fin à vos moyens. (...) La sagesse militaire réside dans le discernement du possible.*
- *Conservez toujours votre objet présent à l'esprit. (...) Manquer une occasion accessoire est fâcheux, mais continuer à viser l'inutile est pire.*
- *Choisissez la ligne (...) de moindre attente. Essayez de vous mettre vous-même à la place de l'ennemi, et pensez au cours des événements à ce que, selon toute probabilité, il a le moins de chances de prévoir ou de parer.*
- *Exploitez la ligne de moindre résistance.*
- *Adoptez une ligne d'opération procurant des objectifs alternatifs, (...) l'ennemi demeurera longtemps perplexe quant à votre but (...) ce qui vous donne une chance d'atteindre au moins un des objectifs - le plus mal gardé - et peut vous permettre ensuite de conquérir l'autre après ce premier.*
- *Assurez-vous de la souplesse à la fois du plan et du dispositif qui doivent pouvoir s'adapter aux circonstances. Votre plan devra prévoir la phase suivante et la préparer pour le cas d'un succès ou celui d'un échec, ou pour le cas d'un succès partiel (...). Vos dispositions (...) doivent être telles qu'elles permettent l'exploitation ou l'adaptation dans les délais les plus brefs.*

Principes négatifs :

- *Ne jetez pas tout le poids de vos moyens dans une affaire quand votre adversaire est en garde, parce qu'il est bien placé pour parer ou éviter un coup.*
- *Ne renouvelez pas une attaque sur la même ligne (ou dans la même forme) après qu'elle a échoué une première fois*"[2].

---

[1] Liddell Hart B. H., *op. cit.*, p. 430.

[2] *Ibid.*, pp. 408-409.

Les échecs stratégiques et leurs causes

A défaut de respecter les quelques principes énoncés, l'entreprise a toutes les chances de courir à sa perte, à plus ou moins brève échéance. Dans le domaine militaire, Edward Luttwak l'a très bien démontré dans son ouvrage *Le paradoxe de la stratégie*. Dans le domaine économique, les principales causes d'échec stratégique identifiées ont été résumées par les consultants d'*Arthur Andersen* dans un document qu'ils remettent à leurs clients. Ils en ont identifié six principales :
- *La myopie stratégique*. L'entreprise ne détecte pas les signaux du marché ou bien le système social les filtre et les empêche de parvenir aux dirigeants ; ou encore, il les déforme et les noie dans une masse d'informations inutiles.
- *La dérive stratégique*. L'entreprise s'obnubile sur le court terme et l'efficacité immédiate. Les valeurs qu'elle peut avoir énoncées ne suscitent aucune adhésion. Son action est purement opportuniste, elle fait et défait, et dérive sans projet à long terme.
- *L'utopie*. L'organisation perd le contact avec la réalité économique. Sans qu'elle en ait conscience, elle fonde ses décisions sur des considérations idéologiques et il lui semble aller de soi que la technique doit prévaloir sur le marketing, ou l'inverse.
- *La mystique de la gestion*. Les outils de gestion ne sont plus vus comme des moyens mais comme des fins en soi. Ils sont sacralisés. Le rituel administratif prend le pas sur la stratégie. L'organisation fuit la réflexion et se perd dans l'action.
- *L'irrationalité*. Il arrive qu'une stratégie se fonde davantage sur des motifs irrationnels - comment gagner à tout prix, se venger, édifier un empire - que sur des critères économiques sains. Par exemple une entreprise peut racheter un concurrent pour le seul plaisir de le faire disparaître, sans tenir compte de l'état du marché.
- *La dépression collective de l'entreprise*. Quelquefois, le système social est complètement grippé : il n'y a plus d'action collective, l'ambiance est morose, l'apathie s'installe ; les projets échouent du simple fait qu'il ne sont plus nourris par l'énergie humaine.

Le coefficient du dirigeant

Dans toute réflexion sur la stratégie et l'action, un élément essentiel doit être rappelé : c'est le coefficient personnel du dirigeant. "*Les armes importent moins que le bras qui les tient. Le bras importe moins que l'intelligente volonté qui le guide*"[1]. Napoléon l'a dit, ce ne sont pas les Romains qui ont conquis la Gaule, c'est César. Ce ne sont pas les Carthaginois qui ont tenu les Romains en échec pendant si longtemps, c'est Hannibal. Sans Lénine, il n'y aurait certainement pas eu de révolution bolchévique, de même que le nazisme, c'est Hitler. Mais un chef trop sûr de lui peut devenir un mauvais stratège. Ainsi, les victoires remportées par Napoléon pendant 15 ans, de 1797 à 1812, et l'assurance qu'il avait alors acquise à force de vaincre, lui ont totalement fait sous-estimer les difficultés qu'il rencontrerait lors de la campagne de Russie.

C'est pourquoi il convient d'ajouter à la liste qui précède huit autres raisons, relevées à travers l'histoire, pour lesquelles les dirigeants, généraux ou chefs d'entreprise, ont été confrontés à l'échec :

- la sous-estimation de l'adversaire, de ses forces, de sa qualité, de sa volonté de vaincre, proche du mépris, et avoisinant, par moments, sa négation pure et simple comme une menace réelle ;
- la connaissance non suffisamment approfondie du terrain, voire la méconnaissance totale du futur champ de bataille et de ses particularités ;
- une répulsion à l'égard des espions et des agents de renseignement, ainsi que le refus de tenir compte des informations fournies par les services secrets ou le rejet de ce qui est le plus simple bon sens ;
- une prédilection pour l'attaque frontale, de préférence là où l'adversaire est le plus fort ;
- une tendance à préférer les entreprises très difficiles, où l'échec peut paraître excusable, à des entreprises plus simples aux risques modérés ;

---

[1] André Gide, *Thésée*, Gallimard, 1946, p. 15.

- une méfiance pathologique pour toute rationalisation intellectuelle ;
- l'hésitation fatale à un moment décisif, qui ouvre la voie au désastre ;
- enfin, la croyance naïve en des conditions générales (structurelles) et météorologiques (conjoncturelles) favorables[1].

CE QU'IL FAUT RETENIR

Le transfert de la conflictualité dans le champ économique impose aux dirigeants d'entreprise d'accorder à l'approche stratégique toute son importance. C'est pourquoi il s'avère indispensable qu'ils renforcent leur culture stratégique, car c'est une armature intellectuelle indispensable à l'action. Il leur faut s'intéresser aux cultures et expériences stratégiques de tous ordres et à l'indispensable étude des stratagèmes.

La stratégie est la "*science des actions complexes et souvent risquées par lesquelles on veut faire prévaloir sa volonté*"[2]. Elle concerne tous les acteurs, individuels ou collectifs, qui veulent devenir ou demeurer maîtres de leur destin, qu'ils soient à la recherche de la sécurité ou de la puissance de l'indépendance ou de la domination. Davantage que la science de la bataille, comme tend à le laisser penser Clausewitz, elle est la science des rapports de force, selon la vision de Lidell Hart ou des stratèges chinois. Cette matière couvre un domaine immense et exige la maîtrise de nombreuses disciplines : politique, géographie, histoire, diplomatie, art de la guerre, économie, culture, science, etc. Elle fait appel aussi bien à des qualités abstraites (intuition, anticipation, créativité) que pratiques (prise en compte très marquée du réel,organisation, planification). Elle doit enfin "*se soumettre à la réflexion morale et philosophique*"[3].

---

[1] J. Villain, *op. cit.*, pp. 21-22.

[2] Jean-Claude Casanova, "La science des rapports de force", *Le Figaro*, 3 janvier 2001, p. 12.

[3] *Ibid.*

Mais s'il existe, pour mener la guerre, des principes généraux, il n'y a pas d'équation qui permette à coup sûr de conduire à la victoire. Celle-ci est déterminée par une série de conditions, par l'appréciation et la volonté de celui qui décide de la solution la plus pertinente au moment le plus favorable. "*La force de réflexion ne gagne pas une guerre, la force morale ne gagne pas une guerre, la force physique ne gagne pas une guerre, mais ce qui gagne vraiment la guerre, c'est la plus haute combinaison de ces trois forces agissant comme une seule*"[1]. Quels que soient les stratèges que l'on choisit de prendre en référence, il ne faut jamais défendre une approche exclusive ou une seule formule : suivre un chemin unique vers la victoire rend prédictif et vulnérable, et croire que l'on est en possession d'un moyen d'éviter les périls et les surprises des circonstances et de les dominer, c'est procurer à l'esprit le repos auquel il tend sans cesse. La recherche de l'arme ou de la méthode absolue est un leurre qui ne fait que renforcer l'adversaire dans son effort d'imagination pour rendre inopérante cette panacée illusoire. Redonner à la stratégie toute sa place dans la conduite des entreprises, c'est surtout commencer par reconnaître le rôle essentiel de l'information. D'où la nécessité d'apprendre à la rechercher et à l'intégrer dans les processus de réflexion, de décision et d'action.

---

[1] J.-F.-C. Fuller, *The foundation of the science of war*, Londres, Hutchinson, 1925, p. 145.

CHAPITRE VIII

LA COMPLEXE ET DÉLICATE MAITRISE DE L'INFORMATION

"Si tous les manuels nous enseignent qu'il ne faut se fier qu'aux informations certaines et ne jamais se départir d'une défiance générale, c'est là un conseil purement livresque qui appartient à cette sorte de sagesse où se réfugient, faute de mieux, les écrivassiers auteurs de systèmes et de manuels.

Les nouvelles qui vous parviennent en temps de guerre sont en grande partie contradictoires, et fausses pour une plus grande part encore ; les plus nombreuses de beaucoup sont passablement douteuses. Tout ce que l'on peut demander à cet égard à l'officier, c'est un certain discernement qui ne s'acquiert que grâce à la compétence psychologique et professionnelle et à la capacité de jugement"[1]. Karl von Clausewitz.

Dans un monde de plus en plus concurrentiel, les acteurs économiques ressentent le besoin crucial de renseignements pertinents et ciblés. Car l'information, nous l'avons vu précédemment, est à la fois la matière première de la stratégie et une arme redoutable de déstabilisation concurrentielle. Elle est la seule antidote qui permette de réduire le risque, de gérer l'accroissement de la complexité et de sortir vainqueur des affrontements économiques. Elle revêt aujourd'hui une telle

[1] *De la guerre, op. cit.*, Livre 1, chapitre 6, p. 107.

importance qu'il faut pouvoir aller la chercher partout, en particulier sur les canaux électroniques. Il faut aussi être capable de traiter rapidement de grandes quantités d'informations et les redistribuer. Ces besoins croissants exigent de nouvelles dispositions de la part des organisations, notamment de développer un comportement particulier face à cette ressource en apparence gratuite, abondante et facile d'accès.

En effet, l'utilisation de l'information n'est pas une attitude innée. Elle a ses règles, ses méthodes, ses dangers et ses limites. L'information doit faire l'objet d'un apprentissage méthodique concernant aussi bien son acquisition, sa lecture, que son utilisation défensive ou offensive. En la matière, les entreprises ne sauraient compter sur l'évolution naturelle des choses. Il leur faut changer en termes d'organisation, de culture et de méthodes afin de devenir de vrais professionnels de l'information.

Les défis posés par l'information

Abondance et croissance exponentielle de l'information

Avec les années 1980, nous sommes entrés de plein pied dans l'ère de l'information, qui se caractérise par l'accroissement exponentiel de la production de données de toutes sortes. Au cours des trente dernières années, l'Humanité en a produit plus qu'en deux mille ans d'histoire et le volume d'informations disponible double tous les quatre ans. Il se caractérise par la diversité des supports qui le véhiculent : l'information est présente partout, sous toutes les formes (livres, journaux, vidéo, CD-rom, bases de données, etc.), en quantité incroyablement développée. Les percées technologiques des NTIC ont ouvert des possibilités d'échange et de stockage inconcevables il y a seulement quelques années. Il en va ainsi des bases de données en ligne accessibles depuis le monde entier, qui contiennent des informations de plus en plus nombreuses et diversifiées, avec une fréquence de mise à jour améliorant sans cesse leur niveau d'actualité.

Les limites de l'information électronique

Toutefois, l'explosion d'Internet et des bases de données ne doit pas masquer un fait essentiel. A peine 25% de l'information mondiale est aujourd'hui numérisée, généralement la plus récente. Le reste demeure produit sur papier et le recueil de ces données et leur numérisation n'ont pas été prévus. La majorité des dispositifs d'information des organisations les plus performantes négligent ce fait et ne travaillent que sur l'information numérisée.

Internet et les nombreuses bases de données existantes ne donnent donc accès qu'au quart de l'information mondiale et avec des restrictions de taille. Par exemple, en 1997, le moteur de recherche le plus performant couvrait environ 30% des 320 millions de pages existant sur le Net. Mais le meilleur des *crawlers* n'en indexait que dix millions par jour et mettait environ quatre semaines pour faire le tour du *web*. En 1999, cette situation a évolué : aucun moteur de recherche ne couvre plus de 16% des 800 millions de pages existantes. Les performances des moteurs de recherche les plus répandus sont les suivantes[1] : *Northern Light* : 16% ; *Snap* : 15,5% ; *AltaVista* : 15,5% ; *HotBot* : 11,3% ; *Microsoft* : 8,5% ; *Infoseek* : 8% ; *Google* : 7,8% ; *Yahoo* : 7,4% ; *Excite* : 5,6% ; *Lycos* : 2,5% et *EuroSeek* : 2,2%. Six des principaux moteurs de recherche du marché *(AltaVista, Excite, HotBot, Infoseek, Lycos et Northern Light)* n'indexent à eux tous que 60% du Net[2]. Cela signifie que, même lorsque l'on mène une recherche sur Internet, on balaye difficilement toutes les possibilités informationnelles du réseau. Et cette proportion risque d'aller en décroissant.

La raison pour laquelle le Net est de moins en moins couvert par les moteurs de recherche est simple : ceux-ci ne peuvent tout simplement plus suivre la croissance exponentielle des pages indexables. Cette dérive pourrait bien à terme se

---

[1] Lawrence Steve et Giles Lee, "Accessibility of information on the web", *Nature*, vol 400, 8 july 1999, pp. 107-109.

[2] Selon d'autres sources, il y a aurait 1 600 moteurs de recherche sur Internet, qui ne couvriraient que 42% du *web* à eux tous.

retourner contre le réseau, car l'intérêt pour une société d'avoir son site sur le Net diminuera si celui-ci n'est pas davantage indexable par les moteurs de recherche. Au demeurant, toute recherche dépend de la façon dont est balayé le champ informationnel du Net. Selon la méthode utilisée par le moteur, les résultats de recherche ne sont pas tous les mêmes et il est rare que deux moteurs apportent des réponses comparables. En effet, les moteurs de recherche n'indexent pas les sites de manière similaire ou peuvent ne pas indexer de nouvelles pages pendant des mois[1]. Il faut également savoir que certaines données disparaissent du Net. Des informations consultées un jour peuvent avoir disparu le lendemain, pour de multiples raisons : un site peut devenir payant, changer d'adresse ou fermer, un fichier peut être retiré, etc.

Aucun des outils ne garantit donc l'exhaustivité de la collecte. Au demeurant, ils accumulent fréquemment un flot d'informations non pertinentes. Il ne faut pas oublier qu'Internet démultiplie les processus de duplication et de copiage de l'information, donc de désinformation. En principe, les moteurs de recherche classent les références issues d'une interrogation par ordre de pertinence. Des outils relativement élaborés, comme les métamoteurs, permettent de gérer les doublons mais pas les redondances, car ils réalisent une sélection à partir des adresses des pages et non à partir du contenu des documents. Si l'utilisateur est incapable de sérier les questions ou si son approche d'un problème ne lui permet pas de formuler des requêtes pertinentes, utilisant de multiples angles d'approche, l'instrument ne répondra pas à sa place. La qualité d'interrogation de l'utilisateur est donc essentielle et la compétence d'utilisation est indispensable. Internet n'est pas un outil miracle ; il n'est que le prolongement de l'interrogation de l'homme.

Ne faire qu'une recherche d'information sur le Net, c'est un peu comme si l'on s'en remettait aux publicités reçues dans sa boîte aux lettres pour connaître l'offre des commerces locaux. Internet n'est finalement qu'une source d'information

---

[1] Plus de 40 000 bases de données en ligne ne seraient pas indexées. C'est ce que l'on appelle le "*web* invisible".

brute parmi d'autres, qu'il ne faut pas surévaluer. Cependant relativiser son importance ne doit pas faire oublier les énormes atouts et les opportunités nouvelles qu'il offre en matière de recherche et d'échange d'informations. Parallèlement à leurs cellules d'investigation de l'information électronique, les entreprises doivent donc mettre sur pied des démarches d'information globales, capables rapidement d'identifier, de recueillir, de traduire, d'analyser et de digitaliser l'information internationale conservée sur support non numérisé.

Les nouvelles conditions du traitement de l'information

> *"C'est du volume de données dont elle dispose que notre époque tire un sentiment immérité de sa supériorité, alors que le véritable critère porte sur le degré auquel l'homme sait pétrir et maîtriser les informations dont il dispose"*. Goethe.

Avec l'irruption des NTIC ouvrant l'accès à des flux torrentiels de données, l'exercice de l'interprétation se trouve considérablement compliqué. Dans la nouvelle situation mondiale, dominée par l'interaction et l'interdépendance, les acteurs ont besoin de connaissances et de renseignements de plus en plus étendus et sophistiqués. Tous les domaines d'activités politiques et culturels, économiques et sociaux, technologiques et financiers, s'interconnectent et aucun d'entre eux ne doit être négligé. La sphère d'intérêt des entreprises ne cesse de s'étendre et celles-ci doivent élargir le champ traditionnel de leurs préoccupations.

En raison de l'explosion des sources d'information et de la multiplication des sujets d'intérêts à surveiller, dans tous les domaines, la masse des données à exploiter ne cesse de croître, souvent dans des proportions considérables ; l'information essentielle est de plus en plus noyée dans une surabondance de données secondaires. Les besoins en capacité de traitement de l'information revêtent en conséquence une importance déterminante, comparable - voire supérieure - à celle de la recherche du renseignement lui-même. Le défis majeurs sont devenus l'analyse, la validation et la diffusion des informations en temps réel aux individus ou aux organisations qui ont besoin d'en connaître. De plus, dès qu'une opportunité se dessine ou qu'une menace est identifiée, l'entreprise doit être capable d'augmenter quantitativement et qualitativement ses capacités de traitement des informations, lesquelles affluent de façon beaucoup plus importante et souvent contradictoire. Cela exige un très grand nombre d'experts qui ne peuvent être basculés indifféremment d'un domaine à un autre : du commercial au financier, de l'industriel à l'international, du scientifique au juridique.

Illustration de cette tendance, en 1991, la guerre du Golfe a montré les limites physiques du traitement de l'information. Dès le début de l'opération *Desert storm*, la quantité de renseignements recueillis sur la situation au Koweït et en Irak submergea les capacités de traitement de l'*Intelligence and Threat Analysis Center*. Au cours du conflit, il n'y eut jamais assez de traducteurs ni d'analystes pour digérer les nombreuses informations obtenues grâce à l'interception des communications irakiennes. Une cascade de données affluait aussi des satellites d'observation et de multiples autres capteurs déployés autour du champ de bataille, mais l'analyse était lente et les moyens de diffusion inadéquats. Il fallait de douze à quatorze jours pour que le balayage photographique de l'Irak - révélant le dispositif de défense adverse - soit acheminé aux unités opérationnelles. Au début de la campagne, ce délai avait été réduit à treize heures, progrès certes considérable mais encore insuffisant[1]. Par ailleurs, les analystes étaient tellement saturés d'informations qu'ils n'avaient pas le temps de développer des scénarios de prévision à partir des informations obtenues. Lorsque les faits sur le terrain ont invalidé les hypothèses initiales des états-majors, ils se sont trouvés à court d'interprétation, à la grande fureur des décideurs qui ne disposaient pas de scénarios alternatifs.

---

[1] A. et H. Toffler, *Guerre et contre-guerre. Survivre à l'aube du XXIe siècle*, Fayard, 1994, p. 115.

Le traitement automatique des données et ses limites

Trop d'information tue l'information dans un monde conflictuel où le temps reste une ressource limitée. Cette nouvelle situation exige de nouvelles dispositions, faute de quoi les acteurs seront rapidement désorientés.

Face à l'irruption torrentielle des données, la technologie apparaît comme un passage obligé pour la maîtrise de l'information. Cela conduit les acteurs économiques à accorder une priorité essentielle au développement des systèmes d'analyse automatisés, afin de conserver leurs capacités de discernement. Les améliorations du traitement graphique et la normalisation des techniques de transfert y contribuent significativement. Mais, si aujourd'hui une partie importante des informations peut être obtenue par des moyens techniques (moyens d'interception et d'observation, investigation informatique des réseaux et des bases de données) et si des solutions de traitement automatique des données de plus en plus perfectionnées sont développées, les performances d'un service de veille tiennent essentiellement aux connaissances et au professionnalisme des hommes et des femmes qui le composent, l'intuition et l'interprétation humaines demeurant irremplaçables.

En effet, la seule technique ne suffit pas et la valeur ajoutée qu'apporte les analystes s'avère indispensable. Il est primordial de disposer d'un grand nombre de spécialistes de la documentation et de l'exploitation sur tous les sujets intéressant l'activité de l'entreprise. S'il fut un temps où l'on recherchait l'accroissement du volume de l'information, on s'occupe surtout désormais de déceler, à travers une production d'informations en développement exponentiel, celles que l'on considère adéquates à la solution d'un problème, à la prise d'une décision ou à la réalisation d'une action. L'illusion est grande de postuler que plus on accumule d'informations, plus on crée de connaissances. Les effets pervers de ce genre de raisonnement provoquent de nombreuses déconvenues.

Les règles de base de la maîtrise de l'information

L'information est une matière essentiellement intangible, vivante, qui évolue sans cesse. Elle est polysémique, c'est-à-dire que chacun y trouve un sens différent en fonction de ses préoccupations. Une information n'existe pas *a priori* et n'a pas de valeur par elle-même : elle se construit par rapport à des environnements, des enjeux, des acteurs et n'a de signification qu'en fonction de l'utilisation qui en est faite. Surtout, l'information doit enrichir une connaissance préacquise. Pour celui qui ne dispose pas de *background*, il n'y a pas d'assimilation intelligente des informations : on peut tout lire, tout voir et tout entendre, sans relation à la connaissance, il n'y aura pas de fertilisation, pas de déclic. Les bases de données et Internet offrent, par exemple, énormément d'informations, voire de connaissances, à des individus souvent dénués de savoir. Or la valeur n'est pas tant dans les données obtenues que dans l'enrichissement du savoir.

L'information est aussi un objet de connaissance qui s'achète ou se vend, qui est produit et distribué, qui comporte un coût et procure un rendement et qui est astreint à des règles d'emploi que doivent impérativement connaître les acteurs économiques.

Quelques principes simples, mais essentiels, doivent être respectés par les entreprises qui veulent développer vis-à-vis de l'information une attitude réaliste et sereine, dans la perspective d'en tirer toutes les opportunités qu'elle peut leur procurer. Pour cela, il leur faut apprendre à définir ce qu'ils veulent savoir, à gérer la problématique "ouvert/fermé", à ingérer et digérer l'information, à agir en temps opportun et à l'intégrer durablement dans les processus de management de l'entreprise.

Définir ce que l'on veut savoir

Il ne faut pas se dissimuler que la connaissance du réel a ses limites. Une entreprise n'a nul besoin de tout savoir en permanence sur tous les sujets, mais elle doit tout connaître de son secteur d'activité. Il importe d'en savoir assez et non de tout savoir, ce qui est par essence illusoire et inutile. En premier lieu, une stratégie d'information s'avère donc nécessaire. La stratégie d'information est l'étape intermédiaire entre la stratégie d'entreprise et la recherche du renseignement proprement dite. Sa finalité est de définir, en lien avec la première, les informations nécessaires à l'entreprise pour se maintenir dans la course à la performance. La stratégie d'information hiérarchise ensuite les recherches en fonction des priorités et des moyens.

Mais il ne faut jamais oublier que la réponse à la question de base "que voulons-nous savoir ?" ne peut avoir de sens qui si les acteurs ont défini, au préalable, les buts auxquels ils veulent parvenir.

Gérer la problématique "ouvert/fermé"

Aujourd'hui, tout ou presque est publié, parce que le souci des entreprises est de vanter la qualité de leurs produits, de développer leur image de marque et de vendre toujours plus ; parce que les laboratoires de recherche veulent faire connaître leurs travaux pour obtenir de nouveaux financements ; parce que nous sommes dans un monde de plus en plus "multimédiatisé".

Les données dites "ouvertes", c'est-à-dire accessibles à tous, sont donc pléthoriques. Dans la compétition pour l'information, il apparaît indispensable d'accéder et d'exploiter en premier le maximum de données ouvertes disponibles. Cette dynamique nécessite une organisation, des moyens et un état d'esprit spécifiques. Mais, dans la mesure où deux sociétés concurrentes peuvent théoriquement accéder aux mêmes sources, l'information ouverte ne permet pas systématiquement de faire la différence, sauf s'il existe un différentiel de moyens et de compétences significatif entre elles[1]. En revanche, on observe depuis quelques années, que l'avantage revient parfois à des acteurs qui consentent à d'importants efforts en matière

---

[1] Il faut savoir que l'on peut produire de l'information secrète à partir de données ouvertes que l'on fusionnera d'une façon unique et inédite.

d'information "fermée". Contrairement aux informations ouvertes, les informations fermées proviennent de sources non publiques. Elles sont obtenues par des voies spécifiques à l'entreprise et se situent le plus souvent dans la zone grise entre légalité et illégalité. Ce sont par nature des informations à haute valeur ajoutée et difficiles d'accès. Mais ces informations fermées peuvent être fondamentales dans la décision et présentent un avantage indéniable : leur demande est maîtrisée par l'entreprise elle-même, alors que celle-ci ne peut orienter l'information ouverte. Elles sont donc plus ciblées sur ses besoins et se révèlent généralement plus productives. D'où le recours de plus en plus fréquent à cette démarche qui présente des risques mais garantit des résultats.

Quoi qu'il en soit, le choix n'est pas à effectuer entre ces deux types d'informations, mais plutôt de les rendre complémentaires car ni les sources ouvertes ni les sources fermées ne sont à négliger, d'autant que l'information ouverte est au moins aussi difficile à maîtriser que l'information fermée.

Apprendre à ingérer et à digérer l'information

L'information revêt désormais pour les organisations la même fonction de "carburant" que l'alimentation pour l'organisme humain. Il est possible d'observer qu'elle a sur les entreprises les mêmes effets que ceux produits par la nourriture sur les individus :

- pas d'information - ou trop peu - entraîne *l'anémie*, l'incapacité de voir, de réfléchir et d'agir convenablement. Peu à peu, l'organisme se dérègle, les fonctions essentielles deviennent déficientes, ce qui engendre des risques mortels (mort lente ou rapide en fonction du niveau de faiblesse) ;
- de mauvaises informations, même en quantité limitée, au sein d'une organisation saine peuvent également avoir des effets catastrophiques, selon le crédit qui leur est accordé : c'est *l'empoisonnement*, l'intoxication conduisant à l'indisponibilité momentanée ou partielle, générant des ratés passagers ou définitifs, car les opportunités se présentent rarement deux fois ;

- trop d'informations provoque *l'indigestion*, c'est-à-dire la saturation, l'incapacité à discerner l'essentiel du superflu, donc la crise (maladie). La surinformation a pour effet de noyer intellectuellement le récepteur, de "tuer" son sens critique. Il est de plus en plus fréquent d'en être victime, car l'homme se voit chaque jour davantage submergé d'informations, de signaux, d'événements et de *scoops* qui défient sa capacité d'interprétation et entravent son discernement. Au demeurant, les effets nocifs de la surcharge en information ont pour conséquence pratique d'augmenter l'incohérence du sens, d'occasionner un accroissement des coûts de traitement et de démotiver l'analyste comme l'utilisateur. La surinformation représente un danger majeur (paralysie), voire funeste, notamment si elle intervient à un moment où l'entreprise est victime d'attaques concurrentielles.

A titre d'exemple, lors de la guerre du Viêt-nam, un nombre significatif de pilotes américains furent abattus au-dessus du territoire nord-viêtnamien parce qu'ils étaient en situation d'*information overload*. Lorsqu'ils se trouvaient dans leurs appareils monoplaces, pris sous les feux des défenses antiaériennes ennemies, à l'occasion de leurs missions de bombardement, ils devenaient parfois incapables, dans le stress du combat, de percevoir le signal sonore et lumineux qui les avertissait qu'un missile était "verrouillé" sur leur aéronef, malgré les nombreux systèmes d'alerte et sans doute à cause d'eux. La réaction de l'*US Air Force* et de l'*US Naval Aviation* fut alors de généraliser les équipages doubles, en embarquant sur les appareils un navigateur chargé spécifiquement de la mise en oeuvre des systèmes d'attaque et d'autodéfense.

Il existe donc de véritables maladies de l'information qui peuvent pénaliser ou handicaper l'entreprise. C'est pourquoi il convient de rechercher une certaine "diététique" de l'information, c'est-à-dire adapter sa consommation à sa capacité de digestion et d'action - et non de stockage - et autant que possible, nourrir l'organisation d'informations saines et digestes. La fiabilité de celles-ci dépend essentiellement de la qualité des sources et du professionnalisme des modalités de recueil et de traitement. Il apparaît donc déterminant de développer sa capacité à l'assimilation sous trois formes :

- assimilation par la connaissance, le développement concomitant du savoir permet le discernement ;
- assimilation par l'état d'esprit, en adoptant une posture intellectuelle dynamique : stratégie claire, capacité à définir des objectifs et à faire des choix ;
- assimilation par les systèmes de traitement automatique de l'information, qui permettent d'accélérer le tri des informations, mais ne remplacent pas l'homme.

Savoir agir en temps opportun

Etre le premier informé ne suffit pas. Sans réactivité, l'information ne sert à rien. Une fois la connaissance acquise, il est impératif de la valoriser, et très vite. A quoi sert de stocker une information sans en tirer profit ? Sa valeur dépend de ce que les acteurs voudront ou sauront en faire. Elle ne réside pas tant dans la transformation de l'information en savoir que dans la transformation du savoir en action. Et il est encore plus déterminant de transformer l'action en succès.

Mais la multiplication des informations peut rendre extrêmement stressant l'exercice de la décision. A chaque instant, une nouvelle information peut surgir et tout remettre en cause. Les dangers en sont l'indécision et la passivité ; l'absence de réaction étant alors justifiée par le fait que la perception de l'environnement est toujours incomplète. Il convient pourtant d'agir au moment opportun, même si tout n'est pas éclairci. Il vaut mieux cerner un enjeu à 80% et passer à l'action pour provoquer un changement, plutôt que d'attendre d'être sûr à 100% de quelque chose et de laisser passer l'opportunité d'agir. Mieux vaut être conscient de son ignorance, et cependant agir, que d'attendre immobile que le savoir arrive. Attendre sans cesse une lisibilité maximale pour agir est une attitude frileuse et incapacitante. Chercher à comprendre peut-être un luxe funeste quand la situation requiert une action immédiate. Il faut savoir agir en situation d'information incomplète et aléatoire et prendre des risques mesurés.

Intégrer durablement l'information dans le processus managérial

Savoir ce que l'on cherche est important. Fournir les données demandées en temps utiles est essentiel. Agir à partir de ces informations contribue efficacement au succès de la stratégie. Mais cela n'est pas suffisant ; il faut intégrer durablement l'information dans le management de l'entreprise. Elle doit devenir, au même titre que les quatre ressources classiques de la firme (humaines, financières, technologiques et commerciales), un véritable actif. Cela passe en premier lieu par la conviction des dirigeants. Or, tous les professionnels de l'information reconnaissent qu'il est très difficile de faire prendre en compte des informations nouvelles par les décideurs, car celles-ci, par définition, viennent perturber leurs schémas de décision. Ils ont fréquemment tendance à rejeter les informations qui dérangent, certains allant jusqu' à mettre un terme à l'activité de veille parce qu'elle met en lumière certains erreurs de stratégie.

Les acteurs économiques qui ne parviendront pas à réaliser cette intégration déclineront, car elles auront toujours une longueur de retard sur leurs concurrents ou sur l'évolution des marchés. Les entreprises doivent s'ouvrir aux pratiques de l'information, en investissant massivement dans la formation du personnel et le développement des systèmes, afin de mieux détecter les menaces, de saisir les opportunités et de rester maître de son destin. L'impulsion, en la matière, doit impérativement venir de la direction.

Mesurer les coûts et les bénéfices de l'information

Evaluer l'efficacité de l'information demeure encore un exercice difficile. Mais tous les domaines de l'entreprise étant soumis à un rigoureux contrôle des coûts et les managers étant friands de tableaux d'évaluation, le calcul du coût de l'information se pose. C'est la raison pour laquelle certains économistes d'entreprise cherchent à en quantifier et en qualifier l'apport au fonctionnement de la firme et à en mesurer le retour sur investissement.

Comment calculer le retour sur investissement de l'information ?

Deux approches existent quant à l'évaluation de ce retour sur investissement :
- la première considère qu'il est vain d'essayer de justifier économiquement une cellule de veille et de calculer des critères de retour sur investissement tous plus discutables les uns que les autres, car les coûts d'un service d'information sont difficilement calculables et avec beaucoup d'hypothèses arbitraires. En effet, quels indicateurs convient-il de mettre en place et quels critères de mesure adopter ? D'autre part, les gains sont, quant à eux, parfaitement non quantifiables, la mesure la plus souvent rencontrée étant la satisfaction du demandeur, en partie irrationnelle. Selon cette "école", le rapport des coûts et des gains est donc impossible à réaliser. Il faut donc éviter de se lancer dans ce type d'argumentation. Tout au plus peut on développer le parallèle entre l'information et l'assurance : l'un comme l'autre visent à minimiser les risques de perte, conséquence d'une mauvaise décision ;
- en revanche, une seconde approche estime que l'information ne saurait échapper au contrôle des coûts. Elle cherche à élaborer plusieurs modalités d'évaluation et de mesure, mais celles-ci se révèlent, jusqu'à aujourd'hui, insuffisantes. Il est très difficile de mesurer le retour sur investissement véritable de l'information, laquelle demeure une matière volatile pour les économistes d'entreprise

Toutefois, la gestion de l'information comporte des coûts fixes et des coûts variables :
- *les coûts fixes* regroupent tous les coûts du système de gestion stratégique de l'information, quel que soit son volume d'activité. Ils englobent tout l'équipement informatique, les systèmes de gestion de bases de données internes, la gestion électronique des documents, les logiciels et outils de recherche spécialisés, les scanners et l'ensemble du matériel périphérique. A quoi s'ajoute le coût du personnel dédié à tous les outils de

recherche, de traitement et de diffusion de l'information ;
- *les coûts variables* dépendent du volume de données traité et des étapes franchies par les informations, depuis leur entrée dans l'entreprise jusqu'à leur consommation : acquisition, valorisation[1], synthèse, exploitation, gestion et stockage[2].

Ainsi, dans les entreprises, l'information est perçue comme entrant dans la structure de coût. Or paradoxalement, si une décision n'est pas prise en temps et en heure cela peut avoir des conséquences déplorables. Pour éviter de donner l'impression que l'information coûte, il faut la transformer en action. Si elle est utilisée, c'est alors un investissement comparable à n'importe quel autre investissement productif de l'entreprise. Si elle ne l'est pas, elle demeure un coût. Et tant que l'on n'attribuera pas à des lacunes en information certains échecs industriels ou commerciaux, celle-ci ne sera pas prise en compte.

Le contrôle de la recherche

Il n'est pas possible d'établir un système de contrôle aussi strict que ceux existant dans le cas du suivi de l'avancement des actions de R&D en milieu industriel. En effet, la recherche d'information est beaucoup plus comparable à une investigation judiciaire. Comme une enquête, elle se fonde sur des méthodologies précises, mais les résultats auxquels elle doit parvenir ne peuvent jamais être préprogrammés par phases. Ce qui est déterminant en matière d'information, c'est de parvenir à un résultat en respectant une échéance fixée préalablement, pour aider à la prise de décision et éclairer l'action. Mais il est quasiment impossible de fixer des objectifs intermédiaires.

Le seul point commun avec la R&D est l'accumulation de données nouvelles : même lorsqu'il n'est pas répondu

---

[1] Les coûts de valorisation dépendent du degré de formalisation des sources : moins une source est formalisée, plus son coût de valorisation sera élevé.

[2] Les frais de stockage des données constituent une charge inévitable. Mais celle-ci est indispensable car toute entreprise privée de son passé perd la maîtrise de son avenir.

exactement à la question posée, les différents éléments obtenus sont d'un réel intérêt pour l'entreprise, car ils viennent enrichir son savoir ou permettent d'autres découvertes. Mais pour l'essentiel, à l'image de l'investigation policière, la recherche pure est une discipline qui fait largement appel aux qualités d'analyse, de jugement, d'intuition et de pertinence des individus qui la pratiquent. Bien qu'elle soit fondée sur des techniques éprouvées et qu'elle fasse appel à beaucoup de rigueur, elle peut difficilement être préétablie. Elle sera différente pour tous les sujets et tous les contextes rencontrés. Au demeurant, le simple fait de n'obtenir aucune réponse est en soi une information significative.

Le contrôle de l'information et de son coût sont certes importants, mais si les systèmes et méthodes adoptés par l'entreprise sont trop rigides, ils ne permettront pas à l'information de produire l'effet de surprise recherché. La firme qui réagit ainsi considère donc qu'il est moins important d'apprendre que d'établir des principes organisationnels et multiplie ses chances de passer à côté opportunités[1]. Les planifications rigides ne résistent que fort rarement aux opportunités informationnelles et brident la recherche plus qu'ils ne la structurent. S'il n'apparaît donc pas possible de définir et de séquencer *a priori* les différents résultats intermédiaires auxquels parvenir, il est en revanche possible de répondre à une obligation de moyens.

CE QU'IL FAUT RETENIR

Les mutations de l'environnement international depuis la fin de la Guerre froide ont placé l'information au premier rang des priorités. Si nul n'est maître de l'avenir, il importe néanmoins d'essayer d'en dessiner les contours. La première tâche de l'entreprise est donc de surveiller en permanence son environnement pour y déceler toutes les modifications

---

[1] Anthony Hopwood, "S'informer pour s'ouvrir au monde", *Les Echos*, supplément "L'art de la stratégie", 2 et 3 juin 2000, p. II.

susceptibles d'affecter son activité. Le rôle de l'information est de créer de la visibilité, de faire émerger des enjeux, des stratégies sous-tendues, des acteurs invisibles. Un acteur économique peut être en danger parce qu'il n'aura pas pu saisir des opportunités de marché que ses concurrents vont capter ou parce qu'il se verra attaqué dans ses activités.

Toute entreprise doit ainsi *"s'acquitter d'au moins quatre fonctions essentielles : (...) acquérir, traiter, distribuer et protéger le savoir, tout en le refusant ou en le distribuant sélectivement à ses adversaires ou à ses alliés. Cette remarque définit le cadre systématique de la stratégie du savoir, clé pour les victoires de demain"*[1]. La maîtrise de l'information et en train de devenir la condition *sine qua non* de la maîtrise ininterrompue des situations, surtout lorsqu'elle est utilisée dans la nouvelle dynamique de gestion des rapports de force qui caractérise l'environnement mondial.

Certains experts vont jusqu'à voir dans l'organisation rigoureuse des fonctions d'information un indicateur pertinent du niveau de développement de l'entreprise. L'information apparaît bien comme un nouveau facteur de production, au même titre que le travail ou le capital. C'est en cela qu'elle révolutionne notre monde et qu'elle bouleverse les règles du jeu traditionnelles. Reconnaître la place essentielle qu'elle occupe désormais au coeur des activités économiques représente en soi une petite révolution culturelle, car elle devient véritablement le carburant de l'action et de la réflexion, l'arme de l'attaque comme de la défense. Cette prise en compte va au-delà des simples fonctions documentaires ou de veille technologique et de la seule maîtrise des flux de données. L'information est bien une arme de combat.

Il s'agit d'adopter une nouvelle approche de l'information, nécessairement active, un esprit "d'intelligence économique", afin de pouvoir se défendre, contre-attaquer ou conquérir, d'intégrer et développer les nouveaux métiers de l'information au sein des entreprises et d'agir dans les trois dimensions de la compétition.

---

[1] A. et H. Toffler, *op. cit.*, pp. 200-201.

CHAPITRE IX

L'INTELLIGENCE ÉCONOMIQUE, NOUVELLE APPROCHE-CLÉ DE LA COMPÉTITION

Intelligence économique. Le mot est lâché. Certains n'ont que lui à la bouche, ne jurent que par cette discipline et veulent y voir la solution à tous leurs problèmes, y compris à leurs lacunes en matière de gestion. Ils appliquent souvent imparfaitement le peu qu'ils en perçoivent. D'autres n'ont que mépris pour cette discipline, ne voyant dans un tel engouement qu'un gadget, qu'un habillage de méthodes anciennes, exhumées par des consultants en mal de produits nouveaux. D'autres encore la bannissent et la rejettent, par crainte ou confusion avec l'espionnage industriel. Qu'en est-il vraiment ?

Les origines de l'intelligence économique

A partir de la fin des années 1950, les grandes entreprises anglo-saxonnes - britanniques et surtout américaines - créèrent des départements de marketing, influencés par les méthodes de raisonnement tactique militaires issues de la Seconde Guerre mondiale[1]. Un des premiers exemples de transfert des savoirs

[1] Les échanges entre les secteurs civil et militaire sont plus fréquents outre-Atlantique qu'en Europe. A titre d'exemple, pendant la Seconde Guerre mondiale, afin de planifier les bombardements stratégiques sur l'Allemagne, l'*US Air Force* fit appel à des spécialistes de l'économie industrielle, travaillant notamment à partir des registres de la société d'assurance britannique *LLoyd's*, afin de frapper les points névralgiques de la production industrielle allemande.

du domaine militaire vers le domaine commercial fut le "marketing de combat", une pratique du marketing qui s'inspirait des principes d'affrontement, de motivation des troupes, d'évitement et d'infiltration du territoire de l'adversaire, en montrant l'analogie qui peut être faite entre un environnement concurrentiel et un champ de bataille[1]. Le marketing fut ainsi défini, dès l'origine, comme l'ensemble des activités couvrant l'appréhension la plus scientifique possible du marché et la définition des actions nécessaires à sa conquête. Les entreprises prirent progressivement l'habitude de réaliser des études de marché afin de suivre l'évolution des attentes des consommateurs, le positionnement de leurs produits, les innovations techniques applicables à leurs activités et les actions des concurrents. Elles renouvelaient ces études chaque fois qu'elles envisageaient une modification de leur stratégie ou lorsqu'elles prévoyaient de sortir un nouveau produit. Mais les entreprises étaient prises au dépourvu si un événement important se produisait entre deux études de marché. Elles ressentirent alors le besoin de suivre en continu les concurrents et l'évolution de la consommation. Ainsi se développèrent les activités de veille concurrentielle et commerciale. Parallèlement, les scientifiques apprirent à suivre l'avancement des travaux de leurs confrères et néanmoins concurrents. Ils donnèrent naissance aux pratiques de veille technologique, au départ centrées sur les publications scientifiques et techniques, les brevets, la consultation de banques de données et la participation à des colloques[2].

Puis, au début des années 1960, en raison du contexte d'affrontement concurrentiel croissant entre les grandes entreprises américaines sur leur propre marché intérieur, est apparue l'intelligence économique - désignée, outre-Atlantique, sous les vocables de *business*, *competitive* ou *corporate intelligence* - directement issue des pratiques de renseignement développées à l'occasion de la Guerre froide. Elle n'a cessé de se développer, notamment dans les années 1970 et 1980, au sein d'entreprises telles que Motorola et IBM, pour s'imposer au

---

[1] P. Baumard, *op. cit., p.* 170.

[2] Hassid L., Jacques-Gustave P. et Moinet N., *op. cit.*, pp. 37-38.

début des années 1990. Depuis, elle est largement pratiquée et enseignée. L'intelligence économique n'est donc pas fondamentalement une nouvelle discipline. Elle a toujours existé. Dès le début des années 1960, le service d'information de General Motors disposait d'un budget équivalent à celui des services secrets français[1]. Au Japon, le *Worldwide Information Network* de Mitsui est aujourd'hui un réseau centralisé aussi important, par sa taille et ses effectifs, que celui de la CIA. Mais cette discipline est restée longtemps cantonnée au sein de quelques grands groupes. Elle se généralise aujourd'hui en raison du nouveau contexte auquel doivent faire face les acteurs économiques : globalisation et multilatéralisation, accroissement de l'intensité concurrentielle et interférence des intérêts d'Etat.

Le développement récent de l'intelligence économique n'a rien d'un effet de mode. Il est dû à un phénomène subi et non voulu. Les entreprises, y compris les plus grandes, constatent que leurs moyens traditionnels d'action sur leur environnement sont devenus inopérants. Il leur faut donc recourir à de nouveaux modes de réflexion et d'action et apprendre à agir sur les phénomènes instables qui caractérisent l'environnement[2].

Qu'est ce que l'intelligence économique ?

Il n'existe pas, à notre connaissance - à la différence de disciplines comme la veille ou le marketing - de définition unique ou partagée par tous de l'intelligence économique. C'est là une des raisons du flou qui entoure la discipline. Mais, pour l'essentiel, deux perceptions cohabitent :

- le plus souvent, l'intelligence économique est présentée comme une discipline ayant pour but l'amélioration de la gestion de l'information dans l'entreprise. Dans cette perspective, elle regroupe l'ensemble des processus d'orientation, de collecte, de traitement et de distribution des

---

[1] C. Harbulot, *La machine de guerre économique*, *op. cit.*, pp. 99-100.

[2] Jean-Claude Ducatte, interview, *Veille magazine*, n°29, novembre 1999.

informations destinées à conduire l'action par un acteur économique ou pour des finalités économiques. C'est en cela que l'expression anglo-saxonne de *business intelligence* est tout à fait adaptée à ce concept. L'intelligence économique recherche des informations politiques, économiques, commerciales, techniques, financières et culturelles, qu'elle utilise à des fins économiques. Elle révèle la capacité d'éveil de l'entreprise vis-à-vis de son environnement et traduit une professionnalisation des pratiques de l'information. Celle-ci permet de mieux détecter opportunités et menaces et d'améliorer savoirs et savoir-faire, de créer de nouveaux produits ou de subtiliser des parts de marchés aux concurrents. Bien que les modalités de recueil varient selon le degré de maturité technologique, organisationnel et éthique des acteurs concernés, à travers cette première perception, c'est la limitation de son action à la sphère légale qui différencie l'intelligence économique de l'espionnage économique ou industriel.

C'est là une définition juste mais très insuffisante, qui ne distingue guère l'intelligence économique de la veille ou de la documentation et qui ne la perçoit nullement comme une nouvelle approche permettant d'influer sur le déroulement de la compétition ;

- l'intelligence économique est présentée également comme une démarche réunissant non seulement l'amélioration de l'acquisition de l'information, mais surtout sa transformation en action, notamment à travers la coordination de jeux d'acteurs et le développement de pratiques de *lobbying*, toujours dans la sphère légale. "*L'intelligence économique est d'abord un processus, une dynamique reliant information et action. Par la maîtrise des savoir-faire, la détection des opportunités et menaces, la coordination des actions et la mise en oeuvre de stratégies d'influence, elle permet la constitution de réseaux d'acteurs, au service de projets communs*"[1].

Dans cette perspective, l'intelligence économique va

---

[1] Jean-Louis Levet, "L'intelligence économique : fondements méthodologiques d'une nouvelle démarche", *Revue d'intelligence économique*, n°1, AFDIE, mars 1997, p 35.

donc bien au-delà de la simple gestion de l'information. Elle se présente comme un renouveau de la démarche informative qui nourrit et éclaire en temps réel les processus de décision et d'action dans la compétition économique débridée que nous connaissons. Elle se révèle ainsi porteuse de nouveaux comportements en matière d'information et d'action : la gestion de la complexité, la coordination de jeux d'acteurs multiples et variés, mais aussi l'organisation en réseaux - à géométrie et à physionomie variables, facilement redéployables - la mobilisation des hommes et des compétences, la circulation de l'information, la gestion des connaissances, etc. L'intelligence économique s'affirme alors comme l'une des étapes incontournable de la stratégie d'entreprise. C'est un des moyens indispensables pour pouvoir concevoir et faire aboutir celle-ci. Cette définition est plus complète, mais encore partielle. C'est toutefois celle qui a été retenue en France, dans le rapport du XIe Plan, qui définit l'intelligence économique comme *"l'ensemble coordonné des actions de recueil de traitement, de distribution et de protection de l'information utile aux acteurs économiques et obtenues légalement, en vue de la mise en oeuvre de leurs stratégies individuelles et collectives"*.

Les deux perceptions présentées omettent un facteur essentiel : c'est avant tout l'utilisation de l'information comme arme offensive et défensive au profit de l'entreprise, dans une compétition économique caractérisée par des rapports de force durs et des pratiques concurrentielles agressives, qui détermine la spécificité de l'intelligence économique. En effet, sa problématique ne se résume pas au partage de l'information dans le but d'innover ou de penser le développement avec plus de cohérence. Cette perception ne couvre qu'une partie du problème. L'analyse des rapports de force entre Etats et entreprises est indispensable pour décrypter les véritables enjeux de la compétition et faire face aux velléités hégémoniques de certains pays industrialisés. *"On ne contre pas les procédés de conquête commerciale d'une firme aussi séduisante que Microsoft en se contentant d'améliorer la circulation de l'information dans sa propre entreprise. Dissocier l'ingénierie de l'information des logiques d'affrontement peut conduire à des erreurs majeures*"[1].

L'intelligence économique est donc avant tout une démarche active de développement et de protection de l'entreprise par l'information. Elle ne peut donner son plein effet qui si existe un état d'esprit offensif et une logique nouvelle qui reconnaît l'existence des rapports de force économiques et culturels dans la compétition. La limiter au recueil, au traitement et à la diffusion de l'information, ou à la coordination d'acteurs, est tout à fait insuffisant.

Les six fonctions de l'intelligence économique

L'intelligence économique, dans sons sens le plus large, remplit six fonctions au profit de l'entreprise :

- elle fournit une nouvelle grille de lecture de l'environnement concurrentiel qui permet de décrypter les rapports de force, de percevoir et de comprendre les stratégies cachées de la compétition économique et de se mouvoir en fonction de cette dynamique ;
- elle offre une nouvelle méthodologie d'acquisition et de gestion de l'information fondée sur le "cycle du renseignement", qui permet à l'entreprise de mieux surveiller son environnement et de détecter les opportunités comme les menaces. "*L'intelligence économique ne viole pas les secrets mais tente de les précéder, notamment avant que ceux ci ne soient formalisés et protégés par le droit*"[2] ;
- elle assure la protection de la stratégie, des savoirs et savoir-faire de l'entreprise : dissimulation des intentions, protection du patrimoine scientifique et technologique, gestion des connaissances, mesures de sécurité physiques, etc.
- elle apprend à utiliser les NTIC comme un levier de création de valeur, comme un nouveau mode d'organisation, mais aussi comme un moyen d'action original, en les employant comme

---

[1] Christian Harbulot, "Intelligence économique et guerre de l'information", *Les cahiers de Mars*, n° 162, 3e trimestre 1999, pp. 102-103.

[2] Roland Meyer, "Intelligence économique et nouvelles pratiques sociales", *Revue française d'intelligence économique*, AFDIE, n° 3, octobre 1998, p. 74.

une arme au service du développement de l'entreprise. En la matière, les modalités peuvent varier : utilisation orientée de l'information, *lobbying*, désinformation, etc.
- elle conduit également à coordonner des jeux d'acteurs, à mettre en place des partenariats ou des stratégies d'alliance, pour des buts ponctuels ou durables. Car aujourd'hui une organisation, quelle que soit sa nature, ne peut plus résoudre seule les problèmes auxquels elle est confrontée. L'intelligence économique intervient pour construire des liens en réseau : réseaux matériels de communication, réseaux classiques de connaissances, mais aussi pensée en réseau, diffusion transversale de l'information, analyse par critères de diverses natures, mise en oeuvre d'actions multi-terrains, etc[1]. Ce développement des réseaux répond ainsi au besoin d'échange de savoirs, de technologies et d'informations relatives aux marchés et à leur environnement. La coordination des jeux d'acteurs débouche sur des stratégies d'action concertées (actions collectives d'acteurs, firme-réseau ou réseaux de firmes), sur la mise en oeuvre de stratégies d'influence (organisation de maillages stratégiques d'acteurs, à la fois offensifs et défensifs) et sur la mutualisation des démarches de veille (création de bases de données générales et spécialisées et extension des réseaux à l'international). Au niveau d'une nation, l'intelligence économique identifie et active systématiquement les potentiels de complémentarité des acteurs[2] en vue de l'accroissement de la prospérité nationale et de la projection de leur influence sur les marchés mondiaux. L'intelligence économique débouche donc sur une démarche d'échange et de partage collectif de l'information dans l'entreprise, entre les entreprises, mais aussi entre l'Etat et l'ensemble des acteurs économiques ;
- elle permet enfin de modifier l'environnement et de changer les règles du jeu. En effet, s'adapter, c'est se conformer aux rapports de forces du moment ; c'est limiter l'action à l'approche défensive (l'évolution du monde n'est perçue qu'en termes de contrainte). La stratégie des acteurs se résume alors au

---

[1] Claude Revel, "Diplomatie exportatrice américaine et élites françaises", *CCE international*, n° 461, mars 1998.

[2] G. Colletis, *op. cit.*, pp. 26-27.

changement permanent et à la réactivité continue et se réduit à la construction d'une structure agile. C'est là déboucher sur des comportements de résignation. Pour sortir de cette logique, une seule modalité d'action existe : modifier l'environnement en changeant les règles du jeu. Cette finalité est un des aspects essentiels de l'intelligence économique : sortir d'une logique de domination imposée par la concurrence.

Mais comment changer les règles du jeu ? Il s'agit de déplacer le champ de bataille sur des terrains où l'entreprise dispose d'atouts ou d'avantages, en établissant d'autres facteurs-clés de succès. Il s'agit non pas de s'adapter à l'environnement, mais de l'infléchir. Est-il aujourd'hui encore possible d'être compétitif sans changer les règles du jeu ? Cela s'avère de plus en plus difficile. Mais s'affranchir des règles du jeu ne signifie pas pour autant que l'on soit libre de toute contrainte. Il faut se donner les moyens d'une nouvelle stratégie dans un nouvel environnement. L'intelligence économique a donc pour but de préparer le marché à l'action de l'entreprise (pénétration des milieux d'affaires, opérations d'influence, conditionnement de centres de décision) et cherche à utiliser à son avantage les règles du jeu. Elle met en place des réseaux pour appuyer par l'information et par l'influence des opérations de prise de contrôle de marchés étrangers très en amont, grâce à l'utilisation pratique et offensive de l'information. Elle va au-delà d'une simple logique commerciale pour appréhender et influer sur les multiples ressorts des choix, car il ne suffit plus d'être le plus compétitif sur ses segments pour gagner. Il faut désormais être le plus innovant en matière de stratégie globale et savoir développer des actions d'influence ciblées.

Les savoirs de l'intelligence économique

L'intelligence économique n'est pas tant un nouveau métier qu'une nouvelle approche de la compétition économique. Elle illustre le nouvel état d'esprit qui doit devenir celui des entreprises engagées dans les affrontements commerciaux.

Outre son rôle d'exploitation du renseignement[1], l'intelligence économique a donc aussi pour finalité de développer des modes d'action offensifs et défensifs originaux. Elle s'affirme comme "*le moyen de voler le pouvoir d'autrui, c'est-à-dire sa qualité de concurrent. L'autre est supprimé en tant que concurrent, et l'entreprise-ravisseur fait main basse sur le marché. Elle est donc l'arme offensive de l'entreprise*"[2]. Enfin, la sécurité (protection du patrimoine et des intentions) fait partie intégrante de cette acception.

L'intelligence économique est par essence pluridisciplinaire et se compose de différents métiers qui concourent à ses finalités (stratégie, veille, *benchmarking*, *lobbying*, gestion des connaissances, systèmes d'information, etc.), dont seulement une partie est nouvelle. L'intelligence économique, à l'image du renseignement, ne dispose pas de recettes, de démarches systématiques ou de grille d'action. Elle utilise seulement des méthodes ou techniques qui sont - ou non - applicables aux différentes situations rencontrées. Dans ce domaine plus qu'en aucun autre, chaque cas considéré est un cas particulier et il est essentiel de rejeter tout dogmatisme, doctrine ou systématisme.

L'intelligence économique apparaît ainsi, par de nombreux aspects, comme une discipline artistique, car elle fait largement appel à la créativité subversive, à la manipulation de l'irrationnel et à l'institutionnalisation de l'informel. A l'image de la *mètis* des Grecs, elle sous-tend "*une forme d'intelligence et de pensée, un mode du connaître ; elle implique un ensemble complexe, mais très cohérent, d'attitudes mentales, de comportements intellectuels qui combinent le flair, la sagacité, la prévision, la souplesse d'esprit, la feinte, la débrouillardise, l'attention vigilante, le sens de l'opportunité, des habileté*

---

[1] Le mot intelligence revêt deux sens compatibles mais différents : en français, il signifie "comprendre" ; en anglais il décrit le "renseignement", soit l'action de chercher à savoir pour agir. Il est important de ne pas se limiter au sens français, restrictif. A noter que les Espagnols emploient également le mot *inteligencià* pour décrire le renseignement, tandis que les Italiens utilisent *informazione*.

[2] Roland Meyer, "L'intelligence économique : du désir de compétitivité au geste offensif", *op. cit.*, p. 16.

diverses, une expérience longuement acquise ; elle s'applique à des réalités fugaces, mouvantes, déconcertantes et ambiguës, qui ne se prêtent ni à la mesure précise ni au calcul exact, ni au raisonnement rigoureux"[1]. Les savoirs de l'intelligence économique sont tacites et peuvent difficilement être codifiés dans un langage permettant leur transmission à autrui. Ils ne se perpétuent que par imitation et expérience. Seule une faible partie d'entre eux sont explicites et transmissibles, offrant la possibilité de standardiser des modes opératoires. Cette réalité dérange les façons traditionnelles de raisonner et d'évaluer le travail des individus. D'où les difficultés rencontrées.

CE QU'IL FAUT RETENIR

L'intelligence économique a pour finalité de créer les conditions favorables à l'action de l'entreprise, dans la société mondialisée de l'information et des échanges, où la conflictualité est forte. Elle se fonde sur une combinaison d'actions variées et originales, visant à déceler, provoquer et exploiter des opportunités, ou à anticiper et neutraliser des menaces.

L'intelligence économique est la discipline qui révèle l'information à la fois comme un facteur de production et comme une arme offensive et dissuasive. Elle est un levier qui permet aux entreprises et aux économies de survivre et de se développer. Le recours accru à cette approche est rendu nécessaire par la généralisation de la compétition économique, par la montée en puissance de la concurrence internationale et par l'extraordinaire opportunité que constitue l'entrée de nos sociétés dans l'ère de l'information. Les gagnants seront ceux qui sauront passer d'une simple veille technologique ou concurrentielle à un processus complet d'intelligence économique. Cette attitude était auparavant réservée aux stratégies de combat : elle deviendra, du fait de la

---

[1] Marcel Détienne et Jean-Pierre Vernant, *Les ruses de l'intelligence. La mètis des Grecs*, Champs, Flammarion, 1974, p. 10.

multiplication des flux d'informations et de la concurrence économique transportée sur de nouveaux terrains, le mode de raisonnement normal du décideur[1]. Car, "*dans la guerre économique mondiale ne pourront espérer profiter de la croissance internationale que ceux qui sauront anticiper les stratégies concurrentielles et les tendances de la consommation, qui seront créatifs dans une adaptation permanente au marché, qui sauront mobiliser les énergies pour appuyer leurs manoeuvres offensives et enfin qui seront compétitifs par une offre de produits et de services adaptée aux possibilités financières des consommateurs et globalement moins onéreuse que les produits concurrents auxquels elle se substitue*"[2]. Aussi, il est impératif de développer l'intelligence économique de manière rigoureuse et d'en professionnaliser la pratique, sinon il ne sert à rien de la mettre en oeuvre, car la discipline s'en trouverait décrédibilisée.

Les entreprises qui se posent la question de l'intelligence économique - ou celles qui n'en font pas encore - ne sont que des firmes en sursis. Il existe un seuil minimal de surveillance des environnements en dessous duquel l'entreprise met en danger sa compétitivité. Ceux qui se demandent aujourd'hui à quoi sert l'intelligence économique sont ceux qui se demandaient à quoi servait la communication, un salon ou une étude de marché il y a quelques décennies. Mais il faut prendre garde à ne pas nourrir de faux espoirs en ce qui concerne cette discipline. Quoiqu'elle soit indispensable, elle n'est pas une arme miracle. Le renseignement ne gagne jamais les guerres à lui tout seul. Si la connaissance est une condition nécessaire, elle n'est en aucun cas suffisante. Ce n'est pas parce que l'on sait, souvent très approximativement, ce que l'adversaire va faire que l'on peut effectivement l'en empêcher. Comme l'a dit un jour un spécialiste anglais du renseignement, avec cet humour propre aux Britanniques : "*si vous êtes ligoté sur une voie de chemin de fer, la tête sur une file de rails et les pieds*

---

[1] Claude Revel, "Diplomatie exportatrice américaine et élites françaises", *op. cit.*

[2] Jean-Pierre Lhote, "Information et soutien des PME : le cas RESIS", *Revue d'intelligence économique*, n°1, AFDIE, mars 1997, p. 77.

sur l'autre, la connaissance de l'horaire des trains ne vous procurera qu'une faible consolation !".

La condition suffisante c'est la qualité de la stratégie et l'adéquation des moyens aux buts déterminés ; dès lors la victoire appartient au belligérant le plus fort et le plus intelligent. Le renseignement permet d'être plus fort et plus intelligent, en rendant possible l'utilisation plus judicieuse des moyens dont on dispose ; il est sans utilité si l'on est sans moyens et sans capacités.

CHAPITRE X

LES NOUVEAUX MÉTIERS LIÉS À L'INFORMATION ET À L'INTELLIGENCE ÉCONOMIQUE DANS L'ENTREPRISE

L'état d'esprit véhiculé par l'intelligence économique - c'est-à-dire la prise en compte simultanée de la révolution des NTIC et du transfert de la conflictualité dans le champ économique - amène les entreprises à travailler fort différemment par rapport au passé. Dès lors qu'elles ont reconnu le rôle primordial de l'information comme ressource et comme arme, elles doivent repenser leurs activités, leur organisation et la formation de leur personnel en des termes nouveaux. Il leur faut inculquer à tous leurs salariés la préoccupation permanente et systématique de l'information, de son exploitation et de son partage. Elles doivent se doter de véritables spécialistes de la recherche, de l'exploitation et de la mise en forme des données. Enfin, il est essentiel qu'elle consentent aux investissements indispensables quant aux moyens matériels qui supportent cette démarche dans toutes ses dimensions : les systèmes d'information.

Les métiers au coeur de la démarche d'intelligence économique

Les métiers de l'information sont apparus pour répondre aux nouvelles réalités de la compétition économique mondiale et parce que le développement des différentes facettes de l'intelligence économique nécessite des savoirs spécialisés. Ce sont là les véritables gisements des nouvelles fonctions, qu'elles s'appellent veille, *knowledge management, e-business intelligence, sourcing, benchmarking,* etc. Le spectre des métiers centrés autour de l'information est extrêmement large parce que celle-ci touche toutes les activités de l'entreprise.

La veille

La veille est la démarche par laquelle l'entreprise se met à l'écoute de son environnement en vue de capter aussi tôt que possible les signaux annonciateurs de changement pouvant avoir des conséquences sur son activité. La veille regroupe l'ensemble des techniques permettant d'organiser de façon systématique la collecte, l'analyse et la diffusion des informations utiles au bon fonctionnement de l'entreprise. Pour cela, elle donne peu à peu naissance à de nouvelles spécialisations : cyberdocumentaliste, *netsurfer*, enquêteur de terrain, téléenquêteur, etc. La veille est aussi chargée de mettre en place des réseaux pour capter des informations, des affaires et des contrats (stratégie de couverture informationnelle de ses segments au sens large). Toutefois, la veille ne saurait être réduite à un processus d'accumulation de l'information, car elle est aussi une démarche de production des connaissances. Elle consiste à rechercher des informations définies dans le respect de la loi, à les transformer en renseignements et à diffuser aux décideurs les conclusions auxquelles elle a abouti.

Mais cela ne peut se faire sans méthode. Pour toute entreprise, il est important de disposer d'un panorama des différents domaines dans lesquels il est nécessaire d'effectuer une surveillance si l'on veut être efficace et complet. A cet effet, il faut savoir apprécier les tendances des grandes filières d'information qui touchent l'activité de l'entreprise, connaître et tester les sources d'information potentielles et évaluer leur valeur. Les experts sont ainsi amenés à distinguer plusieurs types de veille spécialisée : veille technologique, sociétale, commerciale, concurrentielle, veille législative, géopolitique et géographique.

La différence surveillance/investigation

Au sein de la veille proprement dite, on distingue deux approches différentes du métier appelées surveillance et investigation. Il y a entre elles la même différence qu'entre les technologies *push* et *pull* sur le Net.

Sous la forme traditionnelle de surveillance de l'environnement, une veille efficace est souvent complexe et coûteuse à mettre en place, car elle doit respecter différents principes, seuls garants de sa réussite :

- la réceptivité à la nouveauté : il est important de collecter par principe toutes les informations nouvelles ou surprenantes et de leur conférer une valeur stratégique ;
- la détection des signes avant-coureurs : il faut mémoriser tous les événements inhabituels de la vie de l'entreprise, même si leur intérêt ne semble pas immédiatement perceptible. En effet, avant d'apparaître clairement, les phénomènes se manifestent par signes qu'il est souvent difficile d'interpréter ;
- le recoupement des faisceaux d'indices, c'est-à-dire croiser les sources ouvertes et les sources informelles pour réduire au maximum l'incertitude ;
- la durée, car il est capital de ne jamais abandonner des recherches d'informations correspondant aux questions en suspens et d'en conserver la trace en mémoire[1].

La surveillance nécessite donc des moyens humains, financiers et techniques qui ne sont à la portée que des grandes entreprises. La surveillance systématique tous azimuts est très longue à apporter des résultats concrets en raison même de l'étendue du spectre de surveillance et de la lourdeur du dispositif qu'elle nécessite. En conséquence, elle démotive fréquemment les cadres qui y sont impliqués ou ne parvient pas à convaincre les dirigeants de son utilité.

A la différence des actions de surveillance, les missions d'investigation obéissent à une logique d'initiative et de recherche orientée. C'est en quelque sorte une veille organisée par projet. Le rôle de l'investigation n'est pas tant d'apporter un

---

[1] Laurent Hassid et Stéphane Kanovitch, "Intelligence économique : l'état d'urgence dans l'entreprise", *Echanges*, n° 108, octobre 1994, p. 44.

peu d'information sur de nombreux sujets que d'obtenir le maximum d'informations sur un sujet précis, à un moment donné. Sa connexion avec la stratégie de l'entreprise et avec les besoins des dirigeants est donc absolument essentielle. Une action d'investigation ciblée, limitée dans le temps et raisonnablement définie en termes d'objectifs, permet de catalyser les énergies et les compétences dans une dynamique aux échéances et aux actions clairement définies. Le réalisme qui prévaut à sa mise en place permet un ratio d'efficacité important, lequel procure des résultats rapides. Ainsi, les personnels impliqués dans sa réalisation en ressentent légitimement un sentiment d'efficacité et de réussite qui les motive fortement à reproduire ce type d'action. L'investigation ancre durablement la veille dans les structures comme dans les démarches individuelles, en raison de son intérêt pour les opérateurs. Au demeurant, la conduite d'investigations ciblées sur les sujets directement liés aux préoccupations de l'entreprise amène à la fois les réponses aux questions que se pose la direction, mais enrichit également la base de données en cours de constitution. Une démarche de surveillance pourra alors, dans une seconde phase, être mise en place sans trop d'efforts, sur la base du fonds informationnel résultant des investigations antérieures, Cela permettra de suivre les sujets déjà étudiés et d'alerter les décideurs dès qu'une modification de l'environnement se dessinera.

La place de la veille au sein de l'intelligence économique

La veille et l'intelligence sont deux activités orientées en totalité vers l'information. Elles sont des fonctions permanentes et essentielles de l'entreprise. Mais il existe des différences entre elles, la première n'étant que l'une de composantes de la seconde, certes la plus essentielle. L'engouement fréquemment observé pour la seule veille atteste d'une conception partielle de l'intelligence économique. D'une part, car la veille ne sous-entend pas la notion de guerre économique (cf. la veille technologique). D'autre part, parce qu'il faut prendre conscience que les besoins en information, lorsqu'ils sont satisfaits, ne permettent pas à eux seuls un comportement offensif.

L'intelligence économique va bien au-delà de la veille dans la mesure où elle combine information et action. Elle assure l'orientation et le suivi de l'activité de veille et utilise les résultats de ses recherches. Il y a intelligence économique dès lors que les signaux faibles captés par la veille, et analysés en termes de menaces ou d'opportunités par l'entreprise, donnent lieu à des réactions spécifiques et à des stratégies offensives[1].

Le sourcing

Aujourd'hui, la fonction "achat" est devenue stratégique pour les entreprises. Celles-ci savent de moins en moins concevoir et produire seules, comme c'était le cas auparavant. Leur performance provient pour une part croissante de ressources externes. Il ne suffit plus de trouver des fournisseurs, il faut s'allier en amont à des partenaires industriels qui sauront concevoir les produits avec l'entreprise. L'acheteur fédérera ainsi leur intelligence et la sienne pour produire au meilleur coût. Le *sourcing* englobe la surveillance de l'ensemble des actions amont de l'entreprise relevant de sa stratégie industrielle ; il ne concerne pas exclusivement le domaine des achats, mais s'intéresse aussi à la délocalisation et aux alliances industrielles. Le *sourcing* part des besoins exprimés par les concepteurs d'un produit et remonte les sources d'approvisionnement potentielles. Il s'agit donc de savoir s'informer sur les bons fournisseurs et sur les partenaires potentiellement mobilisables. Le *sourcing* éclaire la stratégie d'achat, identifie des opportunités d'alliance, permet à l'entreprise d'anticiper le choix de ses fournisseurs et de minimiser les risques liés aux ruptures d'approvisionnement. A l'extrême, certains n'hésitent pas à l'assimiler à une veille "achat" élaborée, ce qui n'est pas infondé.

---

[1] Si l'on prend la comparaison avec la segmentation du *lobbying*, on peut dire que la veille, c'est le *market monitoring* et l'intelligence économique, le *market influencing*.

Le reverse engineering

Le *reverse engineering* est la démarche qui consiste à disséquer un produit existant afin d'en comprendre le mécanisme puis de le recopier en l'améliorant. Par exemple, on utilise ce terme en biologie lorsque l'on décompose les ailes d'un oiseau pour comprendre comment elles lui permettent de voler. Le *reverse engineering* est une démarche essentiellement technique qui s'applique aux produits et non aux processus ou aux prestations immatérielles. Lorsqu'il s'agit d'analyser et de copier un processus, on entre alors dans le domaine du *benchmarking*[1], démarche qui intègre la recherche d'informations qualitatives et quantitatives avant toute analyse.

Les nouvelles formes de valorisation de l'information fondées sur l'informatique décisionnelle et le commerce électronique

Depuis la fin des années 1990, de nouvelles formes de valorisation de l'information sont apparues, résultant de la convergence de trois phénomènes :

- la multiplication des bases de données clients, de mieux en mieux renseignées, liée au développement des systèmes d'information aux capacités de stockage de plus en plus importantes ;
- l'explosion du commerce et des transactions électroniques de toute nature (*e-commerce* et *e-business*[2]) ;
- de nouvelles avancées technologiques, qui ont rendu possible l'émergence d'applications utilisant d'immenses quantités de données et d'outils d'analyse très performants.

Ces nouvelles pratiques de valorisation de l'information ont donné naissance à trois disciplines : la *business intelligence*, l'*e-business intelligence* et la *customer relationship intelligence*.

---

[1] Cf. chapitre V.

[2] L'*e-business* recouvre de manière générale la façon dont les entreprises utilisent Internet pour interagir avec leurs clients, fournisseurs et autres partenaires.

La business intelligence

Les grandes entreprises recherchent en permanence des solutions performantes leur permettant d'exploiter leur stock de données-clients, afin d'en tirer des informations décisionnelles pertinentes. C'est là le domaine de la *business intelligence*, terme désormais réservé à l'informatique décisionnelle, laquelle n'est qu'un volet de la démarche d'intelligence économique.

La *business intelligence* a pour objet de transformer les données en savoir pour mieux maîtriser les affaires (définition d'IBM). Elle permet aux entreprises d'exploiter rapidement et efficacement des informations contenues dans leurs bases de données et de les transformer en actions commerciales ciblées, en retirant ainsi un avantage concurrentiel significatif. La *business intelligence* réunit l'ensemble des outils et des démarches qui permettent aux entreprises d'utiliser les informations sur les profils des clients comme un facteur de croissance.

La *business intelligence* opère à partir de bases de données extraordinairement développées, provenant :

- des questionnaires, enquêtes et sondages de consommation ;
- des bases de données commercialisées par des sociétés spécialisées ;
- des cartes de fidélité souscrites par les clients ;
- de l'analyse des informations obtenues par la lecture des codes barres en magasin ;
- etc.

Toutes ces informations sont précieusement conservées dans de grandes bases de données comportementales. Dès lors, la *business intelligence* y effectue des croisements de données hautement productifs : elle crée des informations opérationnelles nouvelles en multipliant et en combinant les procédés de corrélation différents. Et rien n'empêche d'enrichir encore les informations obtenues en procédant à des alliances ou à des échanges avec d'autres entreprises recourant aux mêmes pratiques et pouvant être complémentaires en matière de segments de clientèle.

La *business intelligence* se fonde essentiellement sur trois techniques :

- le *datawarehousing*, qui organise et historise les données dans un entrepôt d'informations conçu pour des applications décisionnelles ;
- le *datamining*, qui permet la prise de décision rapide à travers la découverte de nouvelles informations stratégiques cachées à l'intérieur des grandes bases de données internes à l'entreprise ;
- l'administration des données, dont la fonction est de gérer le patrimoine informationnel de l'entreprise en tant que ressource stratégique.

Les applicatifs et les progiciels de *business intelligence* jouent un rôle essentiel pour permettre des décisions efficaces et opportunes. Les méthodologies d'aide à la décision et leurs applications sont les armes concurrentielles de l'entreprise pour prendre de meilleures décisions, plus rapidement.

L'e-business intelligence

Si les bases de données traditionnelles apportent, grâce à la *business intelligence*, des possibilités d'information et d'action nouvelles, avec Internet les moyens de s'informer sur le consommateur sont encore plus nombreux.

Le *web* est indiscutablement devenu un moteur du commerce et les entreprises ont fini de considérer les réseaux comme une curiosité ou un simple outil de promotion, pour s'y investir. Sa portée, conjuguée à la confiance croissante accordée aux techniques de sécurisation des moyens de paiement (cryptage, certificats numériques et *firewalls)* incite de plus en plus d'entreprises à se lancer dans le commerce électronique. En complément des bases de données traditionnelles, celui-ci met à leur disposition d'immenses volumes de données relatives aux transactions électroniques. Ces informations sont une mine de renseignements sur les clients et leurs habitudes d'achat. Elles permettent aux entreprises d'obtenir des renseignements extrêmement pointus sur les centres d'intérêt et les comportements des consommateurs et rendent possible de déterminer si ceux-ci sont susceptibles de réaliser à l'avenir certains types de transactions.

L'*e-business intelligence* se place à la convergence des

systèmes et méthodes d'aide à la décision *(business intelligence)* et d'Internet *(e-business)*. On peut aussi parler de *web intelligence*, car elle regroupe tous les outils d'interrogation, de *reporting* et d'analyse sur Internet. Elle démultiplie les applications et la portée de la *business intelligence*. L'*e-business intelligence*, expression de l'entreprise orientée client, permet de mieux connaître la base de clientèle et le marché, de mieux comprendre les comportements fluctuants des clients, pour décider et agir efficacement. Par son biais, les entreprises qui commercent en ligne cherchent à obtenir les informations les plus fines sur les internautes pour ensuite leur envoyer des messages et des publicités ciblés, dans l'objectif de les pousser à acheter. Il ne s'agit plus de répondre aux besoins des clients, mais de les anticiper, voire de les orienter. Ce qu'elles recherchent, ce sont les informations concernant l'historique et la nature de leurs achats, le temps qu'ils passent sur chacune des pages du catalogue et sur les bandeaux publicitaires sur lesquels ils ont l'habitude de cliquer.

A cet effet, les professionnels du *web* possèdent une arme redoutable : le *cookie*. Il s'agit d'un mouchard électronique qui permet de suivre l'internaute à la trace dès qu'il se connecte sur le Net. Le *cookie* permet de savoir quelle page il a consulté, le temps qu'il y a passé, les publicités sur lesquelles il a cliqué, les articles devant lesquels il a hésité, etc. Ainsi, plus l'utilisateur reste sur le site d'une société, plus celle-ci apprend à le connaître. Cette série d'informations permet alors à l'entreprise en ligne de compléter, à l'insu de l'utilisateur, les données que celui-ci a déjà fournies au moment de son enregistrement, avec des informations sur son comportement. Ce type de pratique peut s'étendre jusqu'à une surveillance globale des sites visités par le consommateur sur l'ensemble du Net[1].

---

[1] "Internet : la chasse aux consommateurs", dossier réalisé par Emmanuelle Cohen, *Le Figaro économie*, mardi 9 mai 2000, pp. 8-12.

La CRM intelligence

L'e-business intelligence appliquée à la gestion des relations clients a donné lieu à une nouvelle discipline appelée *customer relationship management (CRM)*. Le CRM regroupe l'ensemble des méthodes, outils et processus dont l'objectif est d'optimiser les relations clients et notamment de mieux les contacter, leur vendre et les servir. Mais au préalable, il est nécessaire de mieux connaître et comprendre cette clientèle grâce à des informations fiables et significatives : telle est la mission de la *CRM intelligence*.

Le développement de ces nouvelles formes d'exploitation des bases de données et des transactions électroniques n'en est qu'à ses débuts. A brève échéance, elles devraient connaître une nouvelle et considérable impulsion grâce à la diffusion de la technologie WAP*(wireless application protocol)* et à l'extension de l'Internet mobile. Au-delà, les percées technologiques en devenir permettront, en couplant le GSM, Internet, le GPS et l'*e-business intelligence*, de construire des offres commerciales encore plus ciblées, et en temps réel. Nous entrons désormais dans l'ère de l'individualisation croissante des prestations proposées aux consommateurs

La gestion des connaissances (knowledge management)

Aujourd'hui, pour maîtriser leur environnement et assimiler les nombreuses informations qui affluent, les entreprises doivent disposer de connaissances de plus en plus diversifiées, qui composent leur capital immatériel. Mais ce caractère intangible pose un problème nouveau de gestion. C'est pourquoi le *knowledge management*, qui concerne la gestion des connaissances internes de l'entreprise nécessaires à son fonctionnement et à son développement, est apparu avec les années 1990.

Le *knowledge management* a pour but de capturer le capital intellectuel pour le transformer en actif tangible et le rendre accessible à tous. Il aide l'entreprise à définir les connaissances essentielles (savoirs et savoir-faire) qu'elle doit protéger, conserver, développer, acquérir ou abandonner en fonction de sa stratégie générale. Il procède notamment par le biais d'audits mémoriels, à travers lesquels il évalue les connaissances, procédés et expériences acquis par l'entreprise, ainsi que les outils et méthodes utilisés. Sa finalité est la capitalisation des expériences et la fertilisation croisée des savoir-faire, afin de créer de nouvelles compétences internes pouvant représenter un avantage compétitif. A titre d'illustration, cela revient à reconnaître que la valeur réelle de sociétés telles que Compaq, Kodak, Hitachi ou Siemens dépend plus des idées, des intuitions et des informations stockées dans la tête de leurs employés, ou dans les banques de données et les brevets que ces entreprises détiennent, que des camions, des chaînes de montage et des autres biens matériels dont elle peuvent disposer[1].

De la même façon que la veille nécessite des dispositifs de collecte et de distribution, ainsi que des outils de traitement et de stockage, la gestion des connaissances doit comprendre :

- des réseaux internes permettant le transfert de connaissances tacites et explicites dans l'organisation, car la dimension collective de l'apprentissage n'existe que dans la mesure où les idées circulent et où les pratiques constitutives de nouvelles compétences se propagent ;
- une mémoire de l'organisation permettant d'inscrire ces savoir-faire ailleurs que dans la seule mémoire individuelle. Cette mémoire collective est indispensable à l'apprentissage ; sans elle pas de capitalisation possible de l'expérience, pas de souvenir des erreurs passées, pas de représentations des compétences acquises. Si chaque individu est détenteur de son propre savoir-faire, l'enjeu du *knowledge management* consiste à faciliter le brassage des connaissances individuelles pour les hisser au niveau de l'organisation.

---

[1] A. et H. Toffler, *op. cit.*, p. 85.

La gestion des bases de savoir au sein d'un cabinet de conseil international : l'exemple de Ernst & Young

Dans des organisations aussi performantes et sollicitées que les grands cabinets de conseil internationaux, la gestion de bases de savoir et des compétences internes revêt un caractère stratégique. Par exemple, chez Ernst & Young, elles sont assurées par un *chief knowledge officer* qui chapeaute directement quatre groupes de spécialistes :
- les consultants-analystes, appelés *business research analysts*, qui réalisent des études sectorielles pouvant être orientées clients ou prospects ;
- les documentalistes, exerçant dans la bibliothèque de chacune de trois activités de Ernst & Young (audit, conseil, juridique) ;
- les *knowledge managers*, qui aident à capitaliser les savoirs concernant les différents métiers et secteurs d'activités. Comme pour les documentalistes, il y en a un par segment. Ils constituent des interfaces pour aider les professionnels dans la recherche, le stockage et la diffusion du savoir et qui instruisent les projets de lancement de nouvelles bases de données. Les *knowledge managers* assistent enfin les professionnels lorsqu'ils ont des problèmes avec les bases de savoir ;
- les experts sectoriels ou *subject matters experts*. Ils ont pour mission de valider les informations en collaboration avec les analystes sectoriels. Ils sélectionnent dans les bases de données internes les informations qui seront intégrées dans les *best practices*. Ils créent aussi les "objets de savoir". Ce travail est très important car il permet d'économiser du temps lorsqu'il s'agit de rechercher de l'information sur un problème particulier déjà traité.

Veille et *knowledge management* sont deux facettes d'une même réalité, la gestion optimisée des valeurs immatérielles de l'entreprise : informations, connaissances, clientèle, procédures, savoir-faire, etc. L'une est orientée vers l'extérieur, l'autre essentiellement vers l'interne. Ces deux perspectives permettent à l'entreprise de prendre conscience de ce qu'elle est et de ce qu'elle peut dans un environnement instable.

Les autres métiers de l'intelligence économique

Pour obtenir des informations à notre époque, il faut la contribution et la collaboration du plus grand nombre, en fonction des compétences, de la motivation et de la disponibilité de chacun. Chaque salarié doit devenir un capteur d'information. Mais l'information est d'abord l'affaire de quelques experts. Au sein des entreprises, pour animer et structurer la masse immense des capteurs potentiels, il faut en premier lieu quelques spécialistes, formateurs et animateurs internes, chargés de créer des réseaux, de tisser des relations hors hiérarchie, de faire circuler l'information, de motiver, d'accompagner et de récompenser les hommes. En second lieu, l'entreprise doit également disposer d'animateurs de réseaux externes et de lobbyistes qui étendront ses "antennes" vers l'extérieur, dans les domaines professionnels qui la concernent.

Mais ce n'est pas parce qu'une entreprise pratique la veille sous ses différentes formes, déploie ses réseaux et gère scrupuleusement ses connaissances qu'elle fait de l'intelligence économique. Il est indispensable de transformer l'information en action et de l'utiliser dans les affrontements économiques. D'autres métiers sont donc nécessaires : ils relèvent tous des différentes utilisations offensives de l'information[1]. Toutefois, il faut prendre garde à ne pas y faire entrer les activités délictueuses d'espionnage industriel, qui pourraient provoquer le rejet en bloc de l'intelligence économique par les entreprises.

Le rôle des systèmes d'information pour les métiers de l'intelligence économique

L'outil informatique devient progressivement indispensable tant pour rechercher, exploiter et stocker les informations que pour faciliter les communications entre les membres de l'entreprise. Mais la technologie n'est qu'un moyen de mieux capter, consolider et partager l'information au service des individus. Il faut prendre garde à ce que l'approche

---

[1] Ces activités ayant été présentées au chapitre V, nous n'y reviendrons pas.

technique, via le recours à un système d'information, n'occulte pas la dimension humaine de l'apprentissage de celle-ci. En particulier en ce qui concerne la veille, quelle que soit la qualité des outils utilisés, c'est la compétence de l'opérateur, l'astuce de sa recherche et la pertinence avec laquelle il élabore son questionnement qui fait la différence. En matière de traitement, seul l'homme est capable de transformer l'information en connaissance, car c'est une démarche d'interprétation et de comparaison, qui nécessite expérience et intériorisation et dans laquelle l'intuition joue un large rôle.

Les métiers traditionnels de l'entreprise et l'intelligence économique

L'introduction de l'intelligence économique dans l'entreprise amène certaines disciplines traditionnelles (documentation, propriété industrielle, sécurité, administration de bases de données, etc.) à reconsidérer leur rôle. C'est pour cela qu'il est indispensable de sensibiliser et de mobiliser l'ensemble des ressources humaines sur la priorité de l'information. Tous les salariés doivent demander et utiliser l'information pour mieux concevoir, mieux acheter, mieux produire, mieux vendre et mieux gérer. Ils doivent apprendre à développer une démarche d'information active dans l'exercice de leur métier. Mais c'est le marketing qui apparaît comme le plus directement concerné par les évolutions en cours.

Marketing et intelligence économique

Depuis l'apparition et le développement des pratiques de veille, certains chefs d'entreprise assimilent ou confient l'ensemble des tâches de traitement de l'information à leur département marketing. Il existe pourtant une série de différences fondamentales entre ces deux disciplines qui, si elles recouvrent une finalité identique d'information sur les marchés, se différencient quant à leurs objectifs.

Le marketing est l'ensemble des activités qui couvrent la

détection la plus scientifique possible du marché et la mise en oeuvre des moyens de le conquérir. A travers lui, l'entreprise cherche en permanence à rapprocher ses réalisations des besoins ou des désirs des consommateurs. Le marketing réalise à cette fin des études de marché dans lesquelles il se concentre sur l'analyse d'activités spécifiques : lancement de produit, établissement d'un nouveau circuit de distribution, analyse comparée des prix, estimation des besoins des clients, analyse spécifique de la campagne promotionnelle d'un concurrent ou étude de la perception de ses produits par le client, etc. Son but est de segmenter pour mieux percevoir, mieux répondre aux attentes et mieux vendre. En matière d'information, le marketing se limite au recueil et à l'analyse systématiques des données relatives au problème de la commercialisation des biens et des services - à partir des motivations de la clientèle potentielle - et à l'évaluation, qualitative et quantitative, de segments de marché.

La veille se situe en amont du marketing. Grâce à la surveillance qu'elle exerce, elle identifie des signaux faibles qui permettent une véritable anticipation des tendances et des goûts, des innovations et des concurrents, des menaces et des opportunités. La veille est la fonction qui, à partir d'une stratégie ou d'une requête définie, identifie des besoins ou des lacunes en matière d'information et les comble afin de réduire la méconnaissance et d'améliorer la visibilité qu'a l'entreprise de son environnement. La spécialité des veilleurs, c'est de trouver l'information, de la valider, de la diffuser et de la garder en mémoire. Ils savent où et comment la trouver rapidement et discrètement, comment vérifier sa fiabilité, comment l'enrichir et à qui la donner. Ils n'ont pas besoin d'être des spécialistes sectoriels. Le spécialiste de la veille obtient les informations qui permettront à l'homme de marketing d'élaborer une offre pertinente.

Plus largement, à la différence du marketing, l'intelligence économique est une démarche opérationnelle qui cherche à modifier l'environnement, soit en conditionnant la clientèle pour créer un marché, soit en contrecarrant une évolution prévisible pour étouffer l'apparition d'un contexte favorable à un concurrent ou défavorable aux intérêts de la firme. Elle sert aussi à imposer un produit par des manoeuvres d'influence élaborées. On le voit, l'assimilation trop fréquemment observée de la veille, ou de l'intelligence économique, au marketing, est de nature à priver la firme de moyens d'action performants, quand elle ne traduit pas la non perception de la logique de conflictualité économique.

CE QU'IL FAUT RETENIR

A travers les évolutions de l'environnement et la segmentation des tâches, les métiers de l'information ne cessent de s'affiner :

- les opérationnels des métiers de veille, *benchmarking*, *knowledge management*, marketing, documentation... se multiplient, car leur rôle est indispensable. Avec la croissance de l'information, on retrouve également à leurs côtés les analystes sectoriels, les chargés d'études divers et les hommes de la stratégie et de la prospective. De plus en plus de formations préparent à ces métiers qui se développent peu à peu dans les entreprises ;
- les experts de l'intelligence économique, demeurent peu nombreux car la ressource est rare et chère, souvent à la portée des seuls grands groupes. Au demeurant, ces experts n'ont pas besoin d'être légion. Hommes de réseaux et d'expérience, ils savent résoudre discrètement les problèmes les plus épineux, organiser des opérations délicates d'attaque ou de contre-attaque de la concurrence, élaborer des stratégies originales d'action ou d'influence. Ils sont le plus souvent rattachés à la direction générale ou de la sécurité et sont à la fois les stratèges et les utilisateurs de l'information. C'est un métier qui nécessite une forte expérience humaine et, idéalement, une certaine expérience du renseignement ;
- enfin, il faut également être conscient que les entreprises ne peuvent pas toujours effectuer seules l'ensemble des tâches de veille, ni obtenir dans des délais très courts, des renseignements importants. Le recours à la sous-traitance commence à entrer dans les moeurs. D'autant qu'il existe des métiers qui ne

peuvent pas - pour des questions de coût - et ne doivent pas - pour des questions de sécurité - être exercés par l'entreprise : c'est le cas de la recherche offensive d'information - qui est un métier à elle seule - et des actions offensives.

Si l'on prend quelque recul, on observe qu'à travers l'énoncé de ses fonctions et la présentation de ses métiers, l'intelligence économique joue, au bénéfice de l'entreprise, un rôle comparable à celui d'un service secret au profit d'un Etat : le renseignement est représenté par les activités d'acquisition et de gestion de l'information ; l'action correspond à toutes les techniques d'utilisation offensive qui en sont faites. Seule la volonté de demeurer dans la sphère légale différencie les deux contextes ; sinon, les pratiques sont tout à fait similaires. Il y a donc des méthodes à puiser dans le monde du renseignement, mais à condition de savoir prendre, dans les pratiques de ce milieu particulier, ce qui est transposable et de faire la part des choses avec le sulfureux ou l'illégal.

CHAPITRE XI

LES TRANSFERTS DE SAVOIR-FAIRE EN PROVENANCE DU MONDE DU RENSEIGNEMENT

Les métiers liés à l'information et à l'intelligence économique dans les entreprises sont, nous l'avons vu, bien plus complexes et professionnalisés que ne l'imagine la très grande majorité des acteurs économiques. Replacée dans la dynamique de la compétition économique internationale, leur pratique exprime une nouvelle démarche et doit être le fait d'opérateurs spécialisés. Or, cette caractéristique de professionnel de l'information dans un environnement de conflictualité renvoie aussitôt à ce qui est à l'origine de ce métier : le renseignement. Les nouveaux métiers de l'entreprise ne sont que des pratiques existant dans le monde du renseignement d'Etat depuis longtemps et désormais appliquées aux activités économiques.

En effet, les mutations du contexte décrites dans les chapitres précédents ont conduit certains acteurs économiques à faire appel à des savoirs et à des pratiques issus des métiers traditionnels du renseignement, même si la filiation avec ceux-ci est rarement reconnue. Qu'il s'agisse d'informations pour s'adapter ou anticiper, ou d'actions pour modifier l'environnement ou subtiliser un marché à un concurrent, ce que l'entreprise appelle intelligence, veille, analyse, guerre de l'information... correspond à la transposition de pratiques traditionnelles du renseignement dans le champ économique. D'ailleurs, la démarche d'intelligence économique repose notamment sur la mise en oeuvre de la méthodologie du cycle du renseignement.

Pour comprendre comment se sont effectués les transferts de savoir-faire du domaine du renseignement d'Etat vers l'intelligence d'entreprise, nous présenterons d'abord ce qu'est le monde du renseignement - univers mal connu et déformé dans la perception des acteurs économiques - avant de mettre en lumière la filiation entre le renseignement et l'intelligence économique.

Comprendre le monde du renseignement

Il existe une imprécision fondamentale sur la dénomination des activités dites "de renseignement". On parle indifféremment de services secrets, spéciaux, de renseignement, de sécurité, etc. Chacun de ces termes recouvre une réalité différente. Il est important de préciser que ce que l'on appelle génériquement "monde du renseignement", ne recouvre pas seulement le renseignement *stricto sensu.* Celui-ci n'est que l'une des composantes des pratiques hétérodoxes qui récusent le combat ouvert au profit de stratégies indirectes visant à parvenir à l'information ou à la victoire au moindre coût, en utilisant la ruse et non la force, en usant de subterfuges. Si le renseignement est l'ingrédient naturel de la manipulation, il ne peut être efficace que s'il est prolongé par l'action secrète ou non. Ainsi, le monde du renseignement regroupe des services et des métiers très divers : investigation, interception, action, analyse, contre-espionnage, influence, etc. C'est pour cela qu'il importe de préciser les différentes missions, fonctions et métiers de ce milieu opaque aux profanes.

Qu'est-ce que le renseignement ?

Le renseignement couvre toutes les missions d'espionnage et d'influence qu'un gouvernement commandite afin d'assurer la sécurité de ses initiatives de politique étrangère. Les services de renseignement ont pour but de compléter ou de prolonger l'action de la diplomatie classique, en brisant les secrets qu'elle ne peut pénétrer ou en usant de procédés qui lui sont interdits. Si les approches des services de renseignement sont différentes de celles des diplomates, elles n'en sont pas moins dictées par le même gouvernement qui cherche, par plusieurs voies, à assurer le succès d'une politique unique. Il s'agit de glaner le renseignement à l'étranger, en particulier en assurant la pénétration d'agents dans les administrations et les services adverses et de pratiquer l'intervention politique clandestine.

Sur un plan strictement militaire, le renseignement sert à évaluer les menaces et à déceler les opportunités d'action. Il sert à déterminer ce que veut et ce que peut faire l'adversaire, qui sera contraire à nos intérêts. "*L'établissement du plan de campagne exige une connaissance approfondie de l'ennemi que l'on aura à combattre ainsi que du terrain sur lequel il est présumable qu'on le rencontrera. Il faut, d'une part, posséder les renseignements les plus circonstanciés sur l'armée adverse (son organisation de paix et de guerre), son ordre de bataille probable, les conditions dans lesquelles peuvent s'effectuer sa mobilisation et sa concentration, les tendances des états-majors et leur doctrine de guerre, la personnalité des principaux chefs (...) et, d'autre part, se procurer les nombreux documents, notices statistiques et autres, nécessaires pour atteindre à une idée complète de la configuration topographique de la zone des opérations et des ressources de toutes sortes qu'elle offre pour satisfaire aux besoins d'une armée*"[1].

Un service de renseignement traditionnel peut voir ses activités définies autour de trois domaines :
- la recherche du renseignement ;
- l'analyse du renseignement ;
- les opérations.

La recherche

Le renseignement s'obtient grâce à des sources humaines et des moyens techniques. Les sources humaines[2] comprennent

---

[1] *Dictionnaire militaire. Encyclopédie des sciences militaires, rédigée par un comité d'officiers de toutes armes*, Paris-Nancy, Berger-Levrault, 1910.

[2] Dans le jargon américanisé du milieu, les professionnels parlent d'*Humint*

les agents et les défecteurs ; les moyens techniques recouvrent essentiellement l'interception des communications, le renseignement d'origine électromagnétique et l'imagerie[1]. Ce renseignement d'origine technique est très développé chez les Américains (réseau *Echelon*)[2]. Ce mode d'action présente l'avantage d'être permanent et de ne pas engager la vie humaine. Mais en fait il s'agit davantage d'interception ou d'observation que de renseignement. Et les moyens techniques de recherche[3] sont difficilement capables de filtrer les "bruits" inutiles ou redondants qui brouillent l'information recherchée. La guerre du Golfe en a d'ailleurs illustré les limites opérationnelles[4]. Depuis peu, les Américains effectuent un certain retour en arrière, se rendant compte qu'il vaut mieux avoir un agent infiltré au coeur du dispositif adverse plutôt que d'écouter des heures de conversations téléphoniques enregistrées. L'information recueillie se révèle par ailleurs de bien meilleure qualité, car l'homme demeure au coeur de la démarche du renseignement, même si les progrès technologiques des systèmes informatiques facilitent l'acquisition de l'information[5]. Les réseaux humains demeurent les meilleures sources. Les Anglais, mais également les Russes, les Israéliens et les Français sont particulièrement compétents en matière de recherche humaine et ont toujours très bien réussi par ce biais. Mais l'un ne remplace pas l'autre et il faut développer le complémentarité entre ces deux modes d'acquisition.

(human intelligence). On ne rencontre les "espions" que dans ce métier de la recherche.

[1] Appelés respectivement *Comint (communication intelligence), Sigint (signal intelligence)* et *Photint (photographical intelligence)*.

[2] La *National Security Agency (NSA)*, organisme chargé des interceptions et maître d'oeuvre du réseau *Echelon*, est de très loin le plus important service de renseignement des Etats-Unis (cf. chapitre IV).

[3] Lesquels ne peuvent d'ailleurs donner leur pleine mesure que s'ils sont précédés et épaulés par la recherche humaine.

[4] Cf. chapitre VIII.

[5] Aucun satellite n'a permis, par le passé, de localiser les otages détenus au Liban ou de distinguer les faux *Scuds* des vrais lors de l'opération *Desert Storm*.

Le traitement, phase essentielle du renseignement

L'information, une fois collectée, doit être mise en perspective. C'est là la fonction centrale de tout processus de renseignement. C'est à partir d'elle que tout le système s'organise. Traiter le renseignement, c'est convertir une vaste entité de données brutes en un produit utilisable, afin d'aider à la décision et à l'action. A partir des informations brutes, qui proviennent de sources variées, un analyste procède à des tris, des corrélations, des recoupements et des évaluations, des hypothèses, suivies de confirmation ou d'infirmation. Le traitement du renseignement repose principalement sur trois phases cruciales :

- le recoupement est la phase au cours de laquelle on cherche à déterminer si l'information est fiable et crédible. L'erreur est de croire l'information confirmée parce qu'elle est recoupée. Il est essentiel de bien vérifier l'indépendance des sources et d'éviter les redondances. Cette phase de sélectivité s'acquitte d'une double mission : elle transforme le stock global de données recueillies en informations critiques ; elle est nécessaire pour s'assurer de la qualité des informations. Elle fait du renseignement une information évaluée, dont la qualité de vérité à été vérifiée[1] ;
- l'interprétation est la phase au cours de laquelle l'analyste cherche à amplifier les signaux faibles, à remettre en question les conclusions évidentes, à séparer le bruit du signal, à décrypter les signaux ambigus, complexes ou difficilement compréhensibles. Cette phase d'intelligibilité transforme l'information en savoir et en connaissance, autrement dit, elle lui donne un sens pour un usage qui lui conférera une valeur ajoutée. Elle requiert obligatoirement la mise en relation du savoir (l'expertise) et de la stratégie (pour quelle utilisation ?). C'est l'étape où la démarche critique est privilégiée, en relation avec les besoins des planificateurs, décideurs et opérateurs[2].

---

[1] Cependant, il est rarement possible de recouper des informations sensibles obtenues difficilement. Le processus mis en place pour leur obtention doit alors tenir lieu de garantie de leur fiabilité.

[2] Alain Dewerpe, *Espion. Une anthologie du secret d'Etat contemporain*,

"Interpréter les renseignements, c'est leur donner toute la valeur qu'ils sont susceptibles de prendre, dans le cadre de la manoeuvre en cours, et compte tenu des circonstances dans lesquelles ils ont été recueillis ; c'est extraire de l'ensemble des faits, des observations, des manifestations, des renseignements de toutes sortes recueillis sur l'ennemi, ce qui importe le plus au commandement : les intentions ou les projets de l'ennemi ; c'est reconstituer en un tout synthétique aussi exact que possible la volonté de l'ennemi, dont les manifestations ont été jusqu'alors analysées. Interpréter c'est, par la déduction, replacer dans un contexte global une vérité locale, en tirer les conséquences, donner du sens"[1] ;

- la synthèse consiste à passer d'un ensemble d'informations interprétées en un tout cohérent et continu. C'est le moment du jugement et de l'engagement de l'analyste, celui du dépassement de la contradiction des chiffres et de l'accumulation d'informations factuelles. Cela implique une prise de risque et de responsabilité de l'analyste, qui donne son interprétation des renseignements qu'il a reçus. La synthèse suppose le courage d'une prise de position nette et une stratégie d'influence du lecteur sur le décideur. Synthétiser, c'est coller les morceaux du puzzle afin d'obtenir un résultat : un stock de ciment, de tuiles, de planches et de câbles ne fait pas une maison. Ce n'est qu'un stock de matériaux[2].

Le traitement ne peut être entièrement effectué par voie automatique et les synthèses au profit du commandement, d'une direction ou d'un décideur demandent un travail d'interprétation qui reste l'oeuvre de spécialistes, même si ces derniers sont puissamment aidés par les moyens informatiques. Un service a besoin d'experts ayant bénéficié d'une longue formation, dont le nombre est nécessairement important en raison de la quantité et de la diversité des informations à analyser.

Bibliothèque des histoires, NRF, Gallimard, 1994, p. 238.

[1] A. Dewerpe, *op. cit.*, p. 241.

[2] Marti Y.-M. et Martinet B., *L'intelligence économique : les yeux et les oreilles de l'entreprise*, Les Editions d'organisation, 1995, pp. 70-71.

Les opérations

Une fois un renseignement obtenu, il doit être transformé en action. Idéalement, toute demande d'information devrait avoir lieu dans une perspective d'exploitation. En ce qui le concerne, un service secret est à même de se livrer à trois types d'opérations, autres que les seules actions de renseignement. Elles relèvent évidemment toutes de l'ingérence dans les affaires d'autrui : l'action politique, l'action psychologique et l'action clandestine directe.

L'action politique est la démarche par laquelle est fournie secrètement de l'argent, des conseils ou une assistance à un gouvernement, un groupe ou des individus dans un pays étranger (soutien à un système en place, subversion ou renversement d'un gouvernement adverse). Elle peut revêtir plusieurs formes :

- l'assistance technique à des forces militaires ou à des organisations armées. Elle recouvre les formes élémentaires de l'action armée en faveur de groupes insurrectionnels : livraisons d'armes, mise en place d'appuis logistiques, formation politique et entraînement militaire des cadres ;
- la protection d'un chef de gouvernement ami : formation de son service de protection, de ses services de sécurité et de renseignement.

L'action psychologique concerne l'ensemble des méthodes utilisées, soit ouvertement, soit clandestinement, en vue d'influer sur des événements, sur des actions des pays étrangers et sur le comportement de leurs concitoyens. Ces méthodes comprennent la propagande clandestine[1], la désinformation orale et écrite[2], qui peut aller jusqu'à la falsification de faits ou de documents, l'utilisation d'agents et d'organisations d'influence et la mise en place de radios

---

[1] La propagande, dont la provenance est cachée, a pour but d'influencer les actions de gouvernements ou de groupes à l'étranger.

[2] La désinformation a pour but de remplacer des connaissances par des illusions de savoir. Cette pratique, qui consiste à fabriquer et à diffuser des fausses informations et des rumeurs, était l'une des armes favorites des services de renseignement soviétiques.

clandestines.

L'action directe concerne les opérations assurées par un service lui-même, qu'il s'agisse de sabotages, de l'élimination physique de dirigeants adverses ou de diverses actions destinées à provoquer le chaos dans un Etat étranger. A la CIA, les activités clandestines ne représentent guère plus de 5% du budget. Mais elles en sont la partie la plus connue et la plus popularisée par les romans, les films d'espionnage et certaines affaires récentes.

Spécificités et professionnalisme du métier

Bien que le passage aux services secrets permanents ne se soit effectué que dans le dernier tiers du XIXe siècle, à travers l'histoire, la professionnalisation des pratiques du renseignement a imposé peu à peu l'acquisition de règles normalisées et l'apprentissage de savoir-faire techniques objectifs. "*Le bilan de la Seconde Guerre mondiale permet de voir que s'est fixé durant cette période un modèle d'apprentissage, scolaire, objectivé, rationnel, explicite, professionnel : en définissant les compétences requises de l'agent secret, en contrôlant les qualités initiales des candidats par des tests psychologiques et psychiatriques, en assurant les conditions de leur acquisition par une formation et en fixant des critères d'adéquation des hommes à la fonction, il a assuré a transition de l'art d'espionner aux techniques de la profession d'agent secret. Mouvement global, rapide - en 1940 rien n'existe ; à la fin du conflit toute une expérience semble avoir été acquise - qui mène à la définition de profils (physiques, sociaux et culturels) favorables à l'acquisition de compétences désormais plus objectivement explicitées, et en relation avec des tâches elles aussi mieux désignées*"[1].

Il est indéniable que la recherche, l'analyse et l'exploitation du renseignement exigent une expérience et une technique que l'on ne saurait acquérir spontanément. Cela nécessite "*une méthode de raisonnement qui implique une*

---

[1] A. Dewerpe, *op. cit.*, p. 208.

tournure d'esprit positive et réfléchie, un jugement solide se défiant des entraînements d'une imagination non contrôlée, une conscience scrupuleuse, et, par dessus tout, le goût de travail en équipe dans un climat de confiance absolue et de franche camaraderie. L'officier du 2e Bureau est un logicien ayant horreur du vague et de l'indéterminé. Pour discerner le vrai du faux, il analyse, raisonne, classe et contrôle avec une impartiale objectivité, et lorsque, après tout ce travail d'épuration préalable, il n'a plus devant lui que des faits, il cherche à en pénétrer le rapport, l'enchaînement et l'idée directrice.

(...) L'esprit de sérieux, la précision intellectuelle, le refus de l'imagination dessinent ainsi les contours d'un programme polytechnicien, rationaliste et bureaucratique et s'est imposée la prétention à avoir dégagé une méthode de raisonnement et une discipline intellectuelle"[1].

Un rapport de renseignement, dans son ton, sa forme, les indications qu'il fournit, a vocation à parler le même langage que celui de la science. "*La connaissance de l'ennemi est une notion objective, concrète, basée uniquement sur la constatation de faits positifs, précis et recoupés. (...) Cette certitude ne peut être acquise que si les officiers de renseignement appliquent à leurs travaux une méthode ferme et se gardent étroitement de conclusions reposant sur le sentiment et les probabilités.*

(...) Le service de renseignement est l'application d'une véritable science ayant ses règles, ses exemples, ses théoriciens, et ses praticiens"[2].

Qui connaît le renseignement sait combien ce métier est un monde de pointillisme, de détail, de patience. C'est un véritable travail de bénédictin, loin de la notoriété tapageuse des opérations paramilitaires secrètes immortalisées par les médias. L'activité de renseignement se caractérise par une très grande rigueur (sécurité, cloisonnement), un très grand soin et un très grand professionnalisme apporté au management de l'information, mais aussi par une attitude de doute, d'humilité,

---

[1] A. Dewerpe, *op. cit.*, p. 237.
[2] *Ibid.*

et une interrogation permanentes. Rien n'est acquis. Même les meilleurs analystes, les spécialistes les plus expérimentés peuvent être intoxiqués, manipulés, trompés, égarés.

La méthodologie du cycle du renseignement

De toutes les pratiques du renseignement, celle qui a, le plus vite et le plus naturellement, été adaptée par l'entreprise - via l'intelligence économique - est celle du "cycle du renseignement". Elle correspond à la modélisation du raisonnement que suivent les services, depuis l'expression des besoins jusqu'à la "livraison" du renseignement et l'action. Elle considère l'information comme une matière première qui est injectée dans un circuit de transformation incarné par un processus itératif comparable, par exemple, à l'exploitation industrielle des hydrocarbures depuis leur extraction jusqu'à la réalisation des produits dérivés. Les quatre séquences successives du cycle du renseignement sont :

- *Formulation des besoins* : à l'origine de toute démarche d'intelligence doit exister la volonté d'action, donc le sentiment d'un besoin plus ou moins crucial d'informations. C'est là un postulat capital, car un renseignement ne vaut que s'il est demandé par un utilisateur. Il ne sert à rien de recueillir des informations si l'on ne sait pas en tirer un renseignement valable ou si l'on ne sait pas acheminer ce dernier jusqu'aux utilisateurs. Il convient d'abord de définir le type d'information à rechercher, c'est-à-dire sa nature et son support. On évitera ainsi de faire appel, chaque fois, à toutes les sources susceptibles d'apporter une information nécessairement fragmentaire et l'on se limitera au petit nombre de celles capables de fournir les données véritablement utiles.
- *La collecte*, étape incontournable, qui impose de recourir à des moyens de recueil ou de recherche variés, dont certains peuvent être très coûteux. C'est la phase "d'extraction" : où chercher l'information ? Quels sont les principaux gisements ? Comment l'obtenir ?
- *Le traitement* (décryptage des informations, synthèse et mise en forme), est la phase de transformation de l'information, celle

qui lui confère du sens. C'est l'étape par laquelle on cherche à l'affiner et l'enrichir, à la corréler et la rendre intelligible.
- *L'exploitation* incarne la démarche de "commercialisation" : comment utiliser l'information obtenue ? Comment l'intégrer dans les processus de décision et d'action ? A qui la distribuer ? Avec qui l'échanger ? Que donner et que garder ? Où la stocker ?

Ces quatre fonctions sont d'une importance capitale car le renseignement est une chaîne : la valeur de l'ensemble est égale à celle du maillon le plus faible. Le cycle du renseignement est une démarche itérative dans laquelle l'enchaînement des diverses phases ne peut être bouleversée et sa cohérence exige qu'il n'y ait pas de confusion entre ses différentes étapes. Le renseignement est un métier qui obéit à certains principes et à certaines règles qu'il faut respecter sous peine de sanctions drastiques.

La filiation renseignement/intelligence économique

Les liens entre les pratiques du renseignement et de l'intelligence économique ne datent pas de la révolution de l'information et du transfert de conflictualité dans le champ économique. Mais ces deux phénomènes lui ont donné une impulsion sans précédent qui l'amène, à son tour, à influer sur certaines pratiques du renseignement.

Le recours aux pratiques du renseignement dans la gestion des entreprises n'est pas une nouveauté

Si la notion d'intelligence économique est nouvelle, la pratique ne l'est pas. Dès la fin du Moyen Age, certains banquiers européens avaient créé des services de renseignement. Prêtant aux Etats, ils avaient besoin de se tenir informés de l'évolution politique et du potentiel économique de ceux-ci ; spéculant sur les monnaies et sur les marchandises, il leur fallait prévoir les événements qui influeraient sur leurs cours.

L'un des premiers exemples connus remonte au début de la guerre de Cent Ans. Edouard III d'Angleterre avait demandé un emprunt de 130 000 florins aux banquiers florentins De Bardi et Peruzzi. Avant de consentir à ce prêt énorme, ceux-ci envoyèrent des agents en Angleterre et en France pour enquêter sur l'état des armées, la valeur de généraux, les dispositions de la population. Convaincus par les rapports de leurs experts de la supériorité de l'Angleterre, ils lui accordèrent le prêt. Edouard III confirma leur diagnostic en remportant la victoire de Crécy. Mais il ne les remboursa jamais[1]. Parallèlement, la pratique du renseignement à des fins économiques se développa à Venise - qui chercha, dès le début de son histoire, à acquérir l'information économique indispensable à l'affaiblissement de sa rivale génoise - ainsi qu'autour des marchands des villes allemandes de la Baltique, lesquels mirent en place, à partir du XIIIe siècle, un véritable réseau de renseignement et d'influence commercial : la Ligue hanséatique. Puis, toujours en Allemagne, vinrent les banquiers Függer, au XVIe siècle, qui mirent en oeuvre une véritable politique d'information organisée. La qualité de leurs agents et leur sens des réalités économiques étaient tels qu'ils pouvaient pratiquement proposer leurs services financiers aux princes avant que ceux-ci ne les leur demandent. Ainsi, en 1514, lors de l'élection du St Empereur romain germanique, ils jouèrent la carte de Charles-Quint, qui l'emporta grâce à leurs subsides, plutôt que celle de François Ier, pourtant plus puissant à l'époque[2].

Au cours des siècles suivants, en France, différentes initiatives furent déployées en matière de renseignement économique, notamment par Richelieu et Colbert, impulsion que poursuivit Napoléon, qui instaura la Société d'encouragement pour l'industrie nationale, chargée du recueil d'informations économiques à l'étranger[3]. Mais un des meilleurs utilisateurs du renseignement à des fins économiques, fut Nathan Rotschild qui institutionnalisa l'utilisation, à des fins

---

[1] Jean-Pierre Alem, *L'espionnage, histoire, méthodes*, Lavauzelle, 1987, pp. 239-240.

[2] L Jacob-Duvernet et alii, *op. cit.*, p. 53.

[3] J.-P. Alem, *op. cit.*, p. 35.

publiques et privées, des réseaux de renseignement bancaires. Le service de renseignement des Rotschild fut essentiellement créé pour contribuer à la lutte de l'Angleterre contre Napoléon. Leur analyse les avait persuadés que l'Empereur français perdrait à terme, mais qu'il ruinerait l'Europe - donc l'Angleterre - si le temps lui en était laissé. Ils ne négligèrent en conséquence rien pour provoquer sa chute. Ce service de renseignement avait pour bases les principaux établissements financiers des Rotschild à Francfort, Londres, Paris, Vienne et Naples. Les agents, dont le nombre dépassa deux cents, étaient des royalistes français, des Anglais, des Allemands et des Hollandais. Cet organisme de renseignement collabora avec les services britanniques dans deux domaines. D'abord, il leur fournit un nombre importants d'informations militaires, économiques et financières ; ensuite, il mit à leur disposition ses filières de transmission et ses mécanismes de transfert de fonds. Mais bien entendu, il travailla aussi et surtout pour la banque et lui permit, en particulier, de réaliser un formidable coup de bourse en 1815. Nathan Rotschild fut informé du résultat de la bataille de Waterloo avant les autorités britanniques. Pendant quelques heures, il vendit les titres de rente du gouvernement anglais, provoquant l'effondrement des cours ; puis il les racheta massivement. La nouvelle de la victoire arrivant à Londres, les titres remontèrent vertigineusement[1], enrichissant considérablement l'auteur de cette opération. A l'image de ces opérations, tout au long des XIXe et XXe siècles, les exemples d'opérations renseignement pratiquées à des fins économiques se multiplient.

De nouveaux métiers directement issus des pratiques du renseignement

L'intelligence économique, quelles que soient ses spécificités propres, apparaît donc comme la fille légitime du renseignement. Ses fonctions et ses missions sont la transposition des métiers traditionnels du renseignement dans la

[1] J.-P. Alem, *op. cit.*, p. 35.

sphère économique, publique et privée.

- La veille dite passive (ou surveillance des environnements) correspond aux tâches de documentation et de suivi de la situation internationale effectuées quotidiennement par les services.
- La veille dite active (ou investigation), lorsque l'entreprise veut en savoir plus sur un sujet précis, s'identifie directement à la recherche de renseignement sur le terrain, en complément ou en vérification d'hypothèses identifiées ailleurs. Le renseignement sur le marché (consommateurs, caractéristiques) et sur son environnement, correspond au travail effectué par le service de renseignement. Le renseignement sur les partenaires (fournisseurs, sous-traitants, alliés) et sur les concurrents, relève du domaine du contre-espionnage offensif (surveiller, connaître les intentions, les moyens, les opérations), etc[1].
- L'action, lorsque l'investigation confirme une piste (menace ou opportunité), qui amène l'entreprise à attaquer ou à contre-attaquer (OPA, campagne de presse, déstabilisation d'un concurrent, utilisation offensive de l'information, *lobbying*, influence...) correspond en tous points aux attributions d'une direction des opérations clandestines et répond aux mêmes conditions de risque et aux mêmes critères de confidentialité.

---

[1] A titre d'illustration, il faut se souvenir que le colonel Passy était entièrement profane lorsque le général de Gaulle le chargea de constituer le service de renseignement de la France libre, à Londres, en 1940. Il développa alors une théorie tout à fait originale : "*Il existe en France une quantité de patriotes ardents prêts à apporter leur concours d'une manière bénévole, chacun dans le domaine qui est le sien. Il est indispensable, dit Passy, de faire appel à toutes les bonnes volontés et d'utiliser les compétences existantes là où elles se trouvent. Qui peut le mieux nous renseigner sur les mouvements des trains si ce n'est un ingénieur ou un responsable de la SNCF ? Qui peut nous renseigner sur les ports de l'Atlantique (...) sinon un officier de marine ou un pilote de l'un de ses ports ? En fait il s'agit de repérer et d'inventorier les personnes les plus qualifiées pour apporter des informations précises et exactes dans un domaine déterminé*" (Guy Perrier, *Le colonel Passy et les services secrets de la France libre*, Hachette littératures, 1999, p. 34). Aux professionnels du renseignement très bien formés mais peu nombreux, Passy substitua une myriade d'observateurs, dispersés, compétents, chacun dans son domaine, chargés de récolter des informations sûres et ciblées. Une telle approche, certes strictement adaptée au contexte de la France occupée, annonce les réseaux de l'intelligence économique.

- Enfin, la sûreté est présente à tous les stades de ces démarches.

Les seuls éléments nouveaux qui pourraient laisser penser que l'intelligence économique est distincte du renseignement sont l'utilisation de plus en plus systématique de sources ouvertes et la réduction au strict minimum nécessaire des cloisonnements. Or ni l'un ni l'autre ne viennent contredire les propos qui précèdent. D'une part, l'utilisation de sources ouvertes, qui résulte de la production exponentielle d'informations - principalement de nature électronique - se généralise elle-même dans les services de renseignement. Elle rend d'autre part inévitable la disparition d'un certain nombre de procédures de sécurité héritées de la Guerre froide : l'interaction en temps réel entre les acteurs est un impératif auxquels les services sont soumis, au même titre que les entreprises et les forces armées. Par ailleurs, la règle d'efficacité maximale en matière de protection du secret est désormais l'exploitation rapide de l'information et non sa classification et son rangement dans un coffre : toute information n'étant pas exploitée rapidement est une opportunité d'action perdue. Ces évolutions récentes, loin d'opposer les deux mondes de l'entreprise et du renseignement, les rapprochent en les confrontant à des préoccupations communes. Ainsi, l'expérience acquise, depuis quelques décennies par les entreprises - par nécessité très réactives - bénéficie déjà, dans certains pays, aux services de renseignement qui y trouvent des solutions à certaines de leurs difficultés techniques, opérationnelles ou financières.

Il faut en conséquence s'attendre à court terme à une évolution rapide des métiers de l'intelligence économique qui vont se rapprocher encore de ceux du renseignement. Le caractère "généraliste" de la profession actuelle va disparaître avec l'évolution de la demande, entraînant une segmentation du marché et différentes fonctions très spécialisées, dont certaines existent déjà, vont rapidement émerger :

- les spécialistes de la documentation au sens large (bibliométrie, infométrie, archivage pour constituer la mémoire de l'entreprise) ;
- les spécialistes de la recherche technique et de l'interrogation des bases de données, qui opéreront en premier lieu sur Internet

(on peut d'ores et déjà parler de *Webint)* ;
- les spécialistes des télécommunications et des systèmes d'information, qui auront la responsabilité logistique des dispositifs techniques (administrateur des bases de données, webmestre) ;
- les spécialistes de la sécurité informatique et de la sûreté de l'entreprise ;
- les spécialistes des sources humaines (conscientes ou inconscientes), véritables officiers traitants, qui seront chargés de recueillir des informations - y compris sous "couverture" - sur les salons, au cours d'entretiens, dans les colloques et conférences, dans les lieux publics et les transports ;
- les analystes et exploitants dans tous les domaines concernant l'activité de l'entreprise ;
- les animateurs internes de la fonction intelligence (réseau d'entreprise), et externes (échanges d'informations avec d'autres entreprises, les services et les acteurs économiques ou territoriaux) ;
- les *lobbyistes* ;
- les spécialistes de la guerre de l'information et de la communication offensive ;
- les hommes chargés des opérations inavouables, activités dont on doit craindre le développement.

On retrouve dans cette énumération les grands métiers qui sont ceux des services de renseignement : recherche technique et humaine, exploitation et analyse, influence et action secrètes, sécurité et contre-espionnage. A l'étranger, cette filiation renseignement/intelligence économique est assumée et le transfert des métiers et pratiques du renseignement vers les entreprises s'est fait assez naturellement selon deux modalités : par transfert direct lié au mouvement des hommes et par une culture partagée reposant sur des échanges fréquents et réguliers entre le monde des entreprises et celui du renseignement d'Etat (connectivité entre les acteurs nationaux). Mettant à profit ce transfert de savoir-faire, les pays anglo-saxons ont ainsi développé des pratiques offensives tout à fait remarquables (intelligence humanitaire, guerre de l'information, affaires civiles, *social learning*, *stretch marketing*, etc.) et sont conceptuellement et opérationnellement les plus avancés. On observe par ailleurs que plus le renseignement militaire était modeste, plus l'intelligence économique est passée rapidement dans les moeurs. Les Etats à faible implication politique et militaire internationale, mais à forte ouverture économique sur l'étranger (Japon, Allemagne, Suède) sont de loin les plus performants en la matière, au regard d'un critère taille/efficacité.

CE QU'IL FAUT RETENIR

Confrontés à la nécessité de développer leur capacité de compréhension du nouvel environnement mondial, d'anticiper et d'influer sur le cours des événements, les acteurs économiques ont fait naturellement appel à des pratiques éprouvées, issues du monde du renseignement d'Etat. En effet, ce domaine est le seul où existent de véritables professionnels de l'information. Les journalistes, parfois pris comme référence, ne peuvent être gratifiés des mêmes compétences et du même professionnalisme en la matière. Mais ces emprunts aux pratiques du renseignement ont été plus ou moins conscients, en raison de la grande méconnaissance qu'ont les entreprises de ce milieu et de l'image qui est le sien aux yeux d'un grand public naturellement porté vers le sensationnel. Or la réalité, nous l'avons vue, est notablement différente.

A l'âge de l'information, le renseignement correspond tout autant à la pénétration des secrets adverses qu'à la nécessité de séparer, au sein de la profusion des sources ouvertes, généralement électroniques, l'information utile du flot de l'information inutile. Aujourd'hui, le veilleur est celui qui détecte ce que l'on ne voit pas, mais qui n'est pas forcément caché ou secret. Certains spécialistes n'hésitent pas à affirmer que le coût économique et politique de l'espionnage industriel ou la pénétration des autres gouvernements afin de déterminer leurs intentions sont difficilement tolérables quand on les compare avec les bénéfices qu'offrent les sources ouvertes[1].

---

[1] Robert Steele, *Open sources professional handbook*, Joint military intelligence training center, octobre 1996, p. 147.

CHAPITRE XII

AGIR DANS LES TROIS DIMENSIONS DE LA COMPÉTITION ÉCONOMIQUE

Dorénavant, les notions d'information et d'intelligence économique vont occuper une place de plus en plus importante dans la vie des entreprises. Celles qui sauront utiliser avantageusement à la fois cette ressource et cette approche dans le nouveau contexte international vont décupler leurs chances de connaître succès et réussite. A condition cependant qu'elles sachent conduire simultanément leurs actions dans les trois dimensions de la compétition économique, qui incarnent les trois théâtres d'opérations sur lesquels ont lieu les "affrontements".

La compétition ayant éclaté autour du marché, apparaît en premier lieu le besoin de disposer d'informations et de moyens d'action qui permettent à l'entreprise de mieux répondre aux attentes de celui-ci. Elle a, pour cela, besoin d'intelligence orientée "marché", afin de surveiller les concurrents, les nouvelles technologies, les consommateurs, l'environnement, etc. Sur ce théâtre, l'entreprise cherche à obtenir un avantage concurrentiel significatif dans le respect des règles du jeu. Sa finalité est de réaliser le meilleur produit, d'offrir les meilleurs services, afin de vaincre la concurrence. On parlera alors "d'intelligence de marché".

En second lieu, en raison de l'interférence des rivalités géoéconomiques dans la concurrence traditionnelle, l'entreprise a besoin d'une intelligence lui permettant de maîtriser l'environnement hors marché et de changer les règles du jeu. Ce sont les formes d'action à travers lesquelles les acteurs s'attachent plus à battre l'adversaire qu'à s'adapter au marché.

Sur ce théâtre, les entreprises font tout pour rendre les marchés "réceptifs" aux produits qu'elles réalisent. Leur but est de les ravir même si les produits qu'elles réalisent ne sont pas les meilleurs. On parlera alors "d'intelligence hors marché".

Enfin, l'entreprise doit en permanence mettre à niveau ses structures, son organisation et son fonctionnement, améliorer sa performance intrinsèque - pour répondre au mieux aux impératifs d'innovation, de production et de service - et doit veiller à sa solidité propre - afin de résister à toute déstabilisation due aux évolutions ou aux concurrents. A ce titre, la satisfaction du client interne (le salarié) demeure essentielle afin de garantir la performance de l'entreprise à travers la cohésion et la motivation du corps social. Pour cela elle a besoin d'informations spécifiques concernant l'évolution des mentalités, les nouveaux modes de management, le climat interne, et doit savoir conduire les actions appropriées. On parlera alors "d'intelligence organisationnelle".

La course à la performance ne peut être couronnée de succès que si les acteurs mènent des actions efficaces simultanément dans ces trois domaines. En raison de leur interdépendance, aucune impasse ne saurait être consentie. Il est important de comprendre ces trois formes d'intelligence économique et leurs interactions.

L'intelligence de marché

L'intelligence de marché intègre l'ensemble des actions de recherche, d'analyse, d'influence et de sûreté adaptées à l'activité marchande de l'entreprise. Elle relève du domaine de la compétition économique telle qu'elle a toujours existé, mais qui est devenue aujourd'hui particulièrement complexe. Son but est de permettre à l'entreprise de gagner des marchés grâce à ses performances, en réalisant le meilleur produit, dans les meilleurs délais et au meilleur prix, en bénéficiant du meilleur réseau de distribution, de la meilleure publicité et en étant la plus rentable. C'est l'art d'être le plus performant par rapport à la concurrence, le plus attractif vis-à-vis de la clientèle et d'être, autant que possible, le meilleur dans chacun des métiers traditionnels de l'entreprise (achats, R&D, production, prix, délais, *packaging*, services, réseau de distribution, image, etc.) ; car le niveau global de performance et de compétitivité d'une firme, c'est sa capacité à lutter efficacement contre ses concurrents dans chacun des métiers où elle a choisi de se développer. L'intelligence de marché correspond ainsi à la construction d'une stratégie d'information et d'action afin d'améliorer la qualité des biens ou des services, de développer de nouveaux produits, de rester en contact avec les clients et de détecter de nouveaux gisements de développement, etc. Dans cette dimension la compétition demeure globalement loyale, car il existe officiellement des règles du jeu. Certes, l'on peut observer des guerres des prix, mais les affrontements se cantonnent, pour l'essentiel, autour des produits et dans le cadre du marché. Les joueurs veulent gagner le championnat... pour recommencer la saison suivante.

Dans cette perspective, l'entreprise doit rechercher et exploiter des connaissances nombreuses et variées. Cela signifie un système de veille toujours en alerte (stratégie de couverture informationnelle de tous les segments d'activité), des pratiques poussées de *business intelligence*, d'*e-business intelligence* et de *CRM intelligence*, le développement du marketing, du *benchmarking* et du *reverse engineering*, ainsi que la mise en oeuvre d'actions de communication afin d'appuyer par l'information les opérations commerciales. Cela comprend enfin un processus de protection du patrimoine et des secrets de fabrication ; autant que possible, il faut essayer ne pas être trop "benchmarkable" (dissimulation, induction de la concurrence en erreur). Si l'on transpose la fonction qui est celle de l'intelligence de marché dans le monde du renseignement d'Etat, on s'aperçoit que son rôle est en tous points comparable à celui du renseignement militaire, en charge de l'information relative à la préparation et à la conduite des engagements.

L'intelligence de marché est largement pratiquée aux Etats-Unis, où de nombreuses grandes entreprises font surveiller en permanence leurs marchés, la position de leurs produits, les actions de la concurrence (prix, promotion, publicité, lancements de produits, nouveaux modes de distribution...) par de véritables centres d'information, dotés de puissants moyens de traitement informatiques. Les entreprises américaines de hautes technologies (Du pont de Nemours, IBM, Hewlett-Packard, Dow Chemical) ont organisé la mise en réseau de leurs forces de vente à l'échelle mondiale en mettant à leur disposition, en temps réel, un ensemble d'informations élaborées sur l'état de la concurrence, des technologies et des comportements des clients, dont l'objectif est de mettre au service des opérationnels, à l'échelle de la planète, une base de données de connaissances qu'eux-mêmes participeront à enrichir et qui leur permet de mieux répondre aux besoins des clients. L'organisation tout entière est transformée en un réseau créateur de connaissances relatives au marché.

L'intelligence hors marché

De nos jours, la seule maîtrise de l'intelligence de marché n'est plus suffisante. Il serait dangereux de croire que seules les informations et les actions sur les produits, la concurrence et les marchés concernent l'activité de l'entreprise et définissent son spectre de menaces et d'opportunités. Aujourd'hui, si l'excellence du produit demeure essentielle, elle n'est absolument plus suffisante. Comme nous l'avons vu, les affrontements économiques se jouent de plus en plus fréquemment sur des échiquiers invisibles, situés très en amont des marchés, sans relation apparente avec les activités des entreprises. Ainsi, il ne suffit plus d'être compétitif sur ses segments pour gagner, il faut être également capable de développer ou de parer des actions hors marché, c'est-à-dire rechercher des renseignements et conduire des actions hors du cadre des marchés eux-mêmes. L'entreprise doit donc avoir une vision beaucoup plus large de ses intérêts afin d'identifier tous les types d'action susceptibles de lui profiter ou de lui porter préjudice. Elle doit aussi apprendre à développer des modes d'action offensifs originaux et à infléchir en sa faveur la politique de son gouvernement pour obtenir son appui lorsque cela s'avère nécessaire. Nous entrons alors dans le champ de l'intelligence de gestion des rapports de force.

L'intelligence hors marché suppose une démarche ne plaçant pas en son centre la seule amélioration des conditions de productivité de la firme. Elle dépasse les approches uniquement centrées sur le couple produit/marché. Elle s'attache plus à battre l'adversaire qu'à s'adapter au marché. Son but est de permettre le succès de son offre même lorsque l'excellence de celle-ci n'est pas établie. C'est-à-dire qu'il s'agit de gagner coûte que coûte contre la concurrence et de parvenir à l'élimination de celle-ci. Cela peut aller jusqu'à prendre le contrôle d'un marché, à façonner ses goûts et ses besoins, voir à les conditionner ou à lui en imposer. Il s'agit d'adapter, parfois longtemps à l'avance, le client à son offre, de décridibiliser et d'écarter la concurrence, mais aussi de substituer l'influence politique et culturelle de son Etat à ceux des entreprises concurrentes. Ainsi, l'intelligence hors marché est celle qui modifie l'environnement, de façon ponctuelle ou durable, au profit des intérêts de l'entreprise et de son pays d'appartenance. Elle se caractérise par l'utilisation de méthodes indirectes de pénétration, qui, nous l'avons vu, sont les clés du succès des entreprises anglo-saxonnes à l'international[1].

L'intelligence hors marché, relève du domaine de la guerre économique et non plus de la seule compétition : il n'y a plus de règles, de *fair-play*, tous les coups sont permis. Elle s'affirme comme la continuation de l'action commerciale par d'autres moyens : par le biais des actions hors champ, souvent déloyales, du changement des règles du jeu, de l'utilisation offensive de l'information, etc. L'entreprise y est confrontée aux nouvelles méthodes de suppression, d'épuisement ou de neutralisation de la concurrence. Les acteurs y cherchent, directement ou indirectement, l'élimination la plus définitive possible de l'adversaire (en le rachetant ou le poussant à la faillite). Ce qui est visé, c'est souvent une forme de domination monopolistique ou oligopolistique. Chacun essaie d'imposer ses règles du jeu ou bien essaie de s'entendre avec les autorités sur les résultats du match avant d'entrer sur le terrain. Désormais la grande majorité des acteurs, quel que soit leur secteur d'activité, est confrontée à l'intelligence hors marché en raison de la

---

[1] Cf. chapitre V.

nouvelle logique des rapports de force géoéconomiques, du patriotisme d'affaires et des intérêts de puissance. Les grandes sociétés multinationales ne sont plus les seules à être confrontées à ce type de situation.

Comparée au milieu du renseignement d'Etat, l'intelligence hors marché correspond à la fonction des services secrets, lesquels agissent, dans l'ombre, hors du théâtre d'opération militaire, afin de modifier les règles du jeu international au profit de leur Etat et de vaincre l'autre belligérant, en ouvrant, dans son dos, un second "front" très pernicieux.

L'intelligence organisationnelle

Se situant à un niveau "infra-marché", l'intelligence organisationnelle a pour finalité d'améliorer les compétences des salariés, l'efficacité de l'entreprise et la cohésion du corps social. C'est une intelligence autocentrée qui se fonde sur la recherche et l'utilisation de toutes les informations disponibles pour adapter et améliorer sans cesse le fonctionnement interne de l'entreprise, dans les domaines humains, techniques et organisationnels ; elle traduit le souci d'amélioration constant de la performance, des conditions de travail et de l'état d'esprit de la firme, qu'il y ait ou non pression concurrentielle. L'intelligence organisationnelle fait des compétences individuelles, de la performance collective et de la cohésion sociale de véritables ressorts de la compétitivité de l'entreprise.

Cette troisième dimension de l'intelligence économique est encore rarement perçue par les acteurs. Pourtant, oeuvrer pour le développement des aptitudes individuelles, d'un consensus interne important et d'un lien social stable revêt chaque jour plus d'importance. C'est une dimension qui ne saurait être négligée sans graves conséquences. L'intelligence organisationnelle s'impose ainsi comme un véritable acte de gestion dynamique concernant tous les acteurs de l'entreprise et place les salariés devant trois défis :

- elle modifie les comportements individuels : chacun doit désormais "apprendre à apprendre" et acquérir sans cesse de

nouvelles compétences professionnelles. Il s'agit de parvenir à une remise en question permanente, à un véritable *reengineering* individuel ;
- elle bouleverse leur relation culturelle à l'information en les projetant dans l'univers d'une culture collective de partage et d'échange. Elle établit ainsi un lien direct entre performance individuelle et performance collective ;
- elle transforme l'organisation de l'entreprise en déterminant, notamment, de nouveaux modes de comportement et de communication internes, en changeant la nature des relations sociales ainsi que le contenu de la concertation avec les syndicats[1]. Ainsi se trouve mis en lumière l'effet de la performance sociale sur la performance globale d'une organisation.

Le développement des compétences individuelles

La connaissance est devenue, plus encore que le capital et les ressources physiques, l'ingrédient essentiel de la création de valeur. Pour rester performante et même tout simplement pour continuer à exister, une entreprise doit se transformer en organisation apprenante. Une organisation apprenante, c'est une structure au sein de laquelle chaque salarié anticipe en permanence et effectue naturellement de la veille prospective sur ses activités pour mieux agir, réfléchir et se former au profit de l'action que lui a confiée l'entreprise, comme à son profit personnel. Le succès est atteint lorsque les personnels réalisent des actions nouvelles et utiles sans que cela leur soit demandé ou enseigné[2]. Quel que soit leur niveau, les employés de l'entreprise doivent ainsi apprendre à regarder autour d'eux, y compris hors du contexte de leur emploi. Il leur appartient de devenir les chaînons d'un réseau permettant à l'information de

---

1 Jean Girardin, "L'intelligence économique et le développement de l'information et de la consultation des salariés dans les multinationales en Europe", *Revue d'intelligence économique*, n° 2, AFDIE, avril 1998, p. 70.

2 Hervé Mathe, "Les innovations dans les services", *Les Echos*, supplément "L'art de la stratégie", jeudi 4 mai 2000, p. IV.

circuler dans toute l'entreprise et de s'impliquer dans la démarche globale qui draine l'intelligence en interne pour améliorer la compétitivité.

L'entreprise devient ainsi un lieu pédagogique d'acquisition de nouvelles méthodes et de nouvelles compétences. Elle cherche à développer la créativité interne pour innover. Cela génère de nouveaux comportements et un nouveau fonctionnement où les acteurs assurent un rôle caractérisé par plus d'initiative (créativité), de polyvalence (responsabilité) et de mobilisation (investissement personnel), ce qui entraîne une simplification de la hiérarchie.

Ce nouvel état d'esprit suppose des comportements nouveaux, qui ne sont plus fondés sur le cloisonnement et la défense de pré-carrés. L'organisation ne peut devenir apprenante que si ceux et celles qui en font partie ont envie de progresser[1]. Opérer comme une organisation apprenante permet de faire apparaître une synergie entre le développement de l'entreprise et celui des personnes qui en font partie. On crée de la sorte un processus vertueux susceptible de "produire" des entreprises performantes et pérennes. La finalité est de s'organiser pour "apprendre à apprendre" plus vite que les évolutions de l'environnement, que les menaces et que la concurrence.

Performance individuelle et performance collective

Longtemps, le taylorisme et la structuration pyramidale des entreprises cherchèrent à optimiser le travail que celles-ci faisaient effectuer par leurs salariés. La segmentation des tâches conduisait à cantonner chacun dans une fonction unique, sans cesse répétée, sans se soucier de celle des autres. Il ne peut plus en être ainsi à l'ère de l'information et des réseaux. La quasi totalité des informations sont désormais disponibles pour tout le monde, en tout temps. La démultiplication des sources

---

[1] Manfred Mack, "L'organisation apprenante comme système de transformation de la connaissance en valeur", *Revue française de gestion*, septembre-octobre 1995, pp. 45-46.

d'informations, la gestion en temps réel des connaissances et la dimension planétaire des réseaux d'information obligent les responsables d'entreprise à admettre qu'ils ne peuvent plus tout savoir et encore moins décider seuls. L'intelligence organisationnelle, plutôt que d'isoler les salariés, les incite à travailler ensemble et avec la direction. Les enjeux sont devenus tels qu'il est indispensable de sensibiliser et de mobiliser l'ensemble des ressources humaines sur l'importance des échanges internes. La mise en commun permet à chaque acteur d'accroître ses compétences. Les ressources cognitives créées grâce à l'échange peuvent être ultérieurement mobilisées par tous dans de nouvelles configurations, sans pour autant que cela induise une quelconque destruction ou dégradation des compétences des autres salariés[1]. La maîtrise collective de l'intelligence génère au contraire de nouvelles opportunités et possibilités d'action (multiplication des réponses et des combinaisons).

"C'est pour répondre ou pour formaliser un problème productif qu'un acteur ou un ensemble d'acteurs va combiner de manière originale des savoirs et des savoir-faire jusque là jamais combinés de la sorte"[2].

"La compétence est individuelle, l'intelligence est collective. Chacun, dans son domaine de spécialité est compétent : le chimiste, le comptable, le directeur financier, le directeur commercial, le responsable du personnel... sont tous compétents. Cependant cela n'est pas suffisant pour faire une entreprise performante. Par contre, de leur capacité à travailler ensemble, à se compléter, à se comprendre, à se mobiliser autour d'un projet commun, de ce patrimoine social dépendra l'intelligence collective de l'entreprise"[3].

"Dans un monde qui se globalise, la seule juxtaposition des compétences individuelles ne suffit plus, leur finalisation et leur coordination est impérative pour aboutir à une situation d'intelligence collective et transversale"[4].

---

[1] G. Colletis, *op. cit.*, p. 31.
[2] *Ibid.*, p. 32
[3] Guy Massé, *op. cit.* p. 66.
[4] *Ibid.*, p. 74 .

"Comment pourrait-on, dans un tel défi planétaire, imaginer que la réponse appartienne à des individus ou a des structures isolées. (...) L'information partagée décuple l'efficacité collective"[1].

La performance durable sur un marché nécessite donc la synergie des acteurs autour d'un objectif commun, non pour avoir le meilleur produit, mais pour offrir la meilleure réponse aux défis à relever. L'équipe constitue un tout dont l'efficacité est supérieure à la somme des capacités individuelles. Elle coproduit ainsi des solutions qui, parce qu'elles sont des créations communes, sont plus facilement mises en oeuvre[2].

Pour parvenir à un tel résultat, il faut que les individus et les groupes en présence partagent leurs savoirs communs et les mobilisent de façon adaptée. Tout n'est pas acquis d'avance sur ce qu'il faut faire et comment le faire, mais se construit en fonction de situations particulières. L'apprentissage en équipe est un élément important de cette démarche. Le principe essentiel est que les membres d'une équipe peuvent apprendre les uns des autres par la mise en commun de leurs compétences. Le processus, similaire à un entraînement sportif, permet à un niveau individuel et collectif de transformer les connaissances en compétences[3]. Cette façon d'agir "fabrique" des compétences qui permettent de renforcer l'entreprise pour l'avenir (accroissement du patrimoine).

Face à un problème donné, inédit, l'intelligence collective revient donc à comprendre que l'on ne peut le résoudre seul, à réaliser que les autres sont un gisement d'idées, d'informations, de savoirs et de savoir-faire qui peut contribuer à la solution et à faire appel à leurs compétences afin d'enrichir les siennes. Cela revient à considérer les autres comme une source ouverte, comme un outil d'assistance à la résolution de problème. C'est l'enrichissement par l'échange et par le partage.

Dans une entreprise ainsi organisée, les dirigeants doivent être avant tout les "architectes de la connaissance". Ces organisations exigent des leaders dont les modèles mentaux ne

---

[1] J.-P. Lhote , *op. cit.*, p. 77.
[2] M. Mack, *op. cit.*, pp. 45-46.
[3] *Ibid.*, p. 45.

soient pas imprégnés des croyances élaborées au début du siècle. Parce qu'ils mesurent l'étendue des savoirs à acquérir, ils croient aux capacités d'apprentissage de leur personnel. Leur rôle est de créer les conditions favorables pour que le jeu conduise au résultat souhaité par le collectif. Ils doivent donc être modestes et ouverts[1]. Il leur faut prendre appui sur les capacités d'initiative et sur les savoirs diffus, à travers des groupes projets mobilisant des opérationnels de tous types, valorisant leurs expériences et approches réciproques[2].

Performance sociale et performance globale

Autre aspect de l'intelligence organisationnelle, il existe désormais des liens très étroits entre la performance sociale et la performance globale des entreprises et des organisations. Le problème du moral et la motivation du corps social deviennent essentiels à l'heure où les structures se déhiérarchisent et donnent davantage de responsabilité aux tâches de chaque acteur. En effet, l'entreprise n'est pas seulement un ensemble à vocation économique : c'cst aussi un système social qui est, pour la plupart des salariés, la principale source d'identité, en même temps qu'un lieu privilégié d'établissement de liens avec autrui[3]. En tant que corps social, elle est animée d'une vie propre qui peut être source de vulnérabilité ; elle peut devenir résignée ou être secouée par des conflits internes. Le fonctionnement de ce corps social conditionne la réussite et l'échec de l'organisation. La maîtrise du facteur social révèle, au final, le degré de cohérence humaine interne et externe de l'entreprise par rapport son environnement politique et social[4].

"Depuis ses origines, le modèle social allemand doit une bonne part de son succès à l'idée que la politique sociale

---

[1] Jean-Claude Tarondeau, *op. cit.* p. III.

[2] Anne Mayère, *op. cit.*, p. 14.

[3] Jean-Louis Levet et Jean-Luc Fernandes, "Intelligence économique et développement des entreprises", *Revue française d'intelligence économique*, AFDIE, n° 3, octobre 1998, p. 38.

[4] J. Girardin, *op. cit.*, p. 72.

renforce l'efficacité économique, en stimulant la productivité du travail. Garant de la paix sociale et de standards sociaux élevés, le système allemand de relations salariales constitue un facteur de compétitivité. Il incite ou contraint les chefs d'entreprise à fonder leurs avantages compétitifs non pas sur de bas coûts de main d'oeuvre, mais dans une spécialisation sur des segments à forte valeur ajoutée"[1]. En France, il y a quelques années, le groupe Pechiney a organisé une expérience de sensibilisation de son comité d'établissement sur le thème de l'intelligence économique, avec notamment l'intervention d'élus du personnel sur les implications organisationnelles de cette discipline. Il est ainsi apparu que l'intelligence économique conduisait les syndicats à s'impliquer dans le processus de concertation relative au fonctionnement de l'entreprise. En parallèle, elle a obligé la direction générale à pratiquer un réel échange d'informations avec les représentants des salariés[2].

L'intelligence organisationnelle recouvre donc le développement de nouveaux savoirs, savoir-faire, savoir-être dans l'entreprise. Elle sous-tend la gestion dynamique de l'environnement social avec tous les acteurs internes car ceux-ci agissent sur le devenir de l'entreprise. Grâce à une démarche d'intelligence organisationnelle, l'entreprise de demain sera un lieu où se réalisera une innovation constante, grâce à sa capacité à capter et à partager l'information assurant l'avantage concurrentiel. Dans cette entreprise, une organisation en réseau sera valorisée et chaque individu viendra s'y intégrer en tant que point de connexion de plusieurs autres réseaux. L'entreprise s'enrichira de ce maillage complexe qui fera de chaque salarié une antenne connectée sur l'extérieur. Elle deviendra une conscience holographique captant et enregistrant l'information de tous les réseaux branchés sur elles et se découvrira capable d'inventer le futur qu'elle souhaite[3].

Comparée aux pratiques du renseignement, l'intelligence organisationnelle relève du domaine de l'information et de

---

[1] J. Girardin, *op. cit.*, p. 85.
[2] *Ibid.*, p. 90.
[3] M. Mack, *op. cit.*, p. 45.

l'action internes, politique, économique et sociale. Mais elle est, dans l'entreprise, conçue dans une logique dynamique et coopérative. Elle est une démarche collective et non un outil au profit exclusif de la direction ou un instrument de coercition.

CE QU'IL FAUT RETENIR

Lorsque l'on englobe les trois dimensions de l'intelligence économique dans une perspective unique, il est plus aisé de percevoir leurs complémentarités. En premier lieu, l'intelligence organisationnelle, correspond à la capacité de créer et d'entretenir une dynamique interne, à satisfaire les intérêts réciproques des salariés, de la direction et des actionnaires. Sans volonté de relever les défis, sans *fighting spirit*, il est inutile de s'aventurer sur les marchés. En second lieu, le recours à l'intelligence de marché permet de sortir victorieux des affrontements concurrentiels classiques et de gagner la bataille du client. Enfin, l'intelligence hors marché permet de maîtriser les actions d'influence et de contrainte en amont des marchés. Ces trois formes d'intelligence économique sont interconnectées et indissociables. On peut appeler leur combinaison *mix-intelligence* ou *infomanagement*.

Elles font chacune appel à tout ou partie des métiers décrits au chapitre X. Par exemple, afin de construire une intelligence organisationnelle efficace, il est indispensable d'effectuer une veille permanente des domaines sociaux (connaissance du climat interne et des attentes des salariés), juridiques (droit du travail), sociétaux (évolution des comportements généraux et de leurs rapports avec la vie de l'entreprise) et technologiques (impacts sur l'organisation du travail), tout en faisant largement appel à la gestion des connaissances, au *sourcing*, au *reengineering* et au *lobbying* (afin d'influer sur certaines législations sociales). De même, une intelligence de marché performante fera appel aux différentes formes de veille : concurrentielle, commerciale, technologique, réglementaire, sociétale (goûts et comportements), développera les nouvelles formes de valorisation de l'information fondées sur l'intelligence décisionnelle et le commerce électronique et mettra en oeuvre des actions de *benchmarking*, de *reverse-engineering*, de *lobbying* commercial et institutionnel. Enfin, l'intelligence hors marché, toujours à partir d'une veille adaptée, aura recours à tout ou partie des nouvelles stratégies concurrentielles *(social learning, stretch marketing*, intelligence humanitaire, affaires civilo-militaires, guerre de l'information, etc.), pour conquérir les marchés par d'autres moyens, ou en écarter les concurrents les plus menaçants.

A titre de comparaison, les Japonais ont défini, il y quelques années, trois finalités d'emploi de l'information dans la compétition économique ; ils utilisent l'information :

- pour améliorer la fabrication et la vente de produits (différentes formes de veille, *benchmarking)* ;
- pour conquérir des marchés par d'autres moyens *(lobbying*, stratégies indirectes, intérêts de puissance) ;
- comme vecteur d'attaque pour mener la guerre de l'information (désinformation, contre-information, intoxication).

Une telle approche n'est guère éloignée de celle que nous venons de décrire. Certes, les deux derniers domaines relèvent en fait du seul secteur de l'intelligence hors marché. Mais la notion que nous avons appelée "intelligence organisationnelle" n'est pas pour autant absente du comportement nippon. Au contraire, au Japon, les ressources humaines forment l'actif le plus important de l'entreprise et il existe un nom pour définir le processus d'amélioration continue : *Kaisen.* Ce concept consiste à se fixer toujours de nouveaux objectifs et à mettre des systèmes en place pour améliorer la performance globale en collaboration avec tous les employés. Nous retrouvons donc bien les trois dimensions de l'intelligence économique, telles qu'elles commencent seulement à être perçues en Occident.

Le nécessaire développement de nouvelles compétences et de nouveaux modes d'organisation

Les nouveaux comportements qu'implique la nouvelle situation mondiale imposent une évolution en profondeur des compétences et des modes d'organisation des acteurs économiques. Certains ont anticipé ces évolutions, d'autres ont franchi le pas très naturellement. D'autres encore y demeurent imperméables. Les démarches qui conduisent au succès, dans ce nouvel environnement mondial, se fondent sur la réaffirmation de la stratégie et sur la prise en compte du rôle de l'information. En effet :

- la conception de stratégies originales répond à la nécessité pour chaque entreprise de générer en permanence des alternatives non prévisibles et difficilement accessibles aux concurrents. Ces stratégies posent comme principe que l'avenir ne saurait être la reconduction du passé sous d'autres formes. Les alternatives stratégiques sont alors le résultat d'une évaluation inédite effectuée par l'entreprise à partir d'informations accessibles à tous. Leur élaboration nécessite des moyens de détection et d'analyse importants, pour traiter les signaux faibles de l'environnement, des qualités d'intuition et de créativité, afin d'imaginer de opportunités de développement originales[1], ainsi que des moyens de simulation, afin de créer et de valider des scénarios inédits. Cette approche nécessite des compétences nouvelles. Elle doit notamment redonner toute leur place à la ruse, à la dissimulation et aux stratagèmes de toute nature ;

---

[1] Simon Free, "Les stratégies de transformation", *Les Echos*, supplément "L'art de la stratégie", jeudi 13 avril 2000, p. II.

- l'information est nécessaire pour agir sur l'environnement. Matière première de la stratégie, elle est le principal outil de la guerre économique en servant à la fois d'arme offensive et défensive. C'est pourquoi sa possession devient l'objet de rudes combats. Plus on avance dans l'économie de l'immatériel et du savoir, plus les batailles se gagnent grâce à l'information. Sa maîtrise est indispensable mais doit donner lieu à un rigoureux apprentissage ;
- l'intelligence économique n'est pas une nouvelle notion qui vient se surajouter à des pratiques existantes dans le domaine de la stratégie : c'est un renouveau de la démarche informative qui nourrit et éclaire en temps réel le processus analyse/décision/action. L'entrée du renseignement dans le monde de l'entreprise ne date pas d'hier, mais son usage ne s'est généralisé que depuis le début des années 1990. Comme cette évolution s'est exercée de pair avec la révolution des technologies de l'information, elle a remis en cause assez fondamentalement le fonctionnement des entreprises, d'où les légitimes incompréhensions et résistances observées. Pourtant, l'intelligence économique veut davantage apparaître comme une nouvelle forme de management que comme la généralisation et l'institutionnalisation du renseignement dans l'entreprise. Toutefois, elle est fille légitime du renseignement et répond à la même problématique. Même si elle s'enrichit d'un croisement avec les approches scientifiques et rigoureuses du marketing et du conseil, l'intelligence économique n'est pas une création *ex-nihilo*, qui peut rejeter l'héritage du renseignement. Elle correspond sans conteste à la transposition de tout ou partie des pratiques du renseignement dans le monde de l'entreprise ;
- il est essentiel de façonner des structures de travail adaptées, qui permettent l'expression de la créativité du plus grand nombre et rendent possible les interactions internes comme avec l'extérieur. Parallèlement, les organisations doivent apprendre à multiplier les opportunités d'accidents fortuits et accroître la proportion de personnels dont la sagacité permettra de transformer ces accidents, d'abord perçus comme des

phénomènes perturbateurs et négatifs, en opportunités[1].

Les entreprises doivent donc s'impliquer dans la mise en oeuvre de l'intelligence économique en respectant un certain nombre de principes :

- l'approche de l'information doit s'inscrire dans le cadre d'une stratégie d'entreprise, formalisée et structurée ;
- la création de postes de spécialistes de l'information et de l'intelligence économique dans les entreprises est nécessaire. Elle sous-entend la claire perception des différents métiers et de leurs spécificités ;
- le recours aux pratiques en provenance du monde du renseignement doit avoir lieu de manière décomplexée, en veillant à utiliser ce qui est transposable et à bannir ce qui ne l'est pas ;
- l'entreprise doit apprendre à être orientée "information" et à agir dans les trois champs qui structurent la compétition économique : à l'intérieur de l'entreprise, sur le marché et au-delà du marché. Cela implique la mise en place d'une organisation d'information flexible fonctionnant en réseau, la responsabilisation et l'autonomie des acteurs.

Ces nouveaux facteurs de compétitivité ne viennent pas se substituer aux règles traditionnelles qui font le succès des entreprises performantes. Ils viennent s'y ajouter et ne dispensent en aucun cas de continuer les efforts en matière de gestion traditionnelle. Les entreprises doivent continuer à exceller dans leurs métiers de base et à préserver leurs savoirs et leurs savoir-faire. L'adoption de ces comportements est rendue nécessaire par la généralisation de la compétition économique, par la montée en puissance de la concurrence internationale et par l'extraordinaire opportunité que constitue l'entrée de nos sociétés dans l'ère de l'information. Les gagnants seront ceux qui sauront organiser un processus complet d'intelligence économique dans les trois dimensions de la compétition. La victoire appartiendra à ceux qui sauront réduire au maximum la boucle information/action et qui seront capables d'agir toujours les premiers. Désormais, la stratégie, l'information et l'action vont de l'avant, ensemble. Ces

---

[1] H. Mathe, *op. cit.*

approches sont les leviers qui permettront aux acteurs économiques de se maintenir et de se développer efficacement sur la scène internationale.

CONCLUSION

L'indispensable révolution des mentalités

La nouvelle situation mondiale annonce un changement radical de paradigme. L'étude des mutations de l'environnement et de leurs effets sur les activités économiques nous a permis d'appréhender les conséquences individuelles et combinées de la révolution de l'information et des bouleversements récents de la géopolitique mondiale. Elles débouchent essentiellement sur l'affirmation de l'économie et de la culture comme domaines principaux de la compétition entre les nations. Les vrais enjeux des affrontements qui caractérisent les relations internationales ne sont plus les conquêtes militaires mais bien la prise de contrôle des marchés et l'accroissement, pour chaque Etat, de ses revenus et de son influence culturelle, ce qui provoque une transformation profonde des règles du jeu concurrentiel. Celui-ci, nous l'avons vu, est dominé par une unique superpuissance pour laquelle la conquête de débouchés est devenue une condition *sine qua non* de survie, d'où les pratiques offensives et défensives qu'elle développe. Si les Etats-Unis demeurent nos amis et alliés, nous ne serions être dupes de leurs stratégies d'influence, lesquelles s'exercent toujours aux dépens de leurs partenaires. En réaction, l'acuité de la compétition actuelle, faussée par l'interférence des intérêts d'Etat, a amené les acteurs économiques à s'inspirer de méthodes de l'art de la guerre et à recourir à des stratagèmes et à des subterfuges de toute nature afin de conquérir ou de conserver des marchés, ou pour en écarter des concurrents. Ces divers éléments nous ont amené à reconnaître que nous évoluions bien désormais dans une situation de guerre économique, en précisant que c'est à la notion asiatique - et non occidentale - de la guerre qu'il fallait se référer, c'est-à-dire à une nouvelle situation stratégique caractérisée par la multipolarité et la prévalence des approches indirectes et régie par la loi de coopétition.

Forts de cette compréhension du nouveau contexte international, nous nous sommes attachés à dégager les nouveaux comportements indispensables à adopter afin de participer avec succès à la compétition mondiale. En premier lieu, s'affirme la nécessité de la démarche stratégique, laquelle doit s'accompagner du recours systématique à l'information, dont la maîtrise requiert un apprentissage spécifique. En second lieu, nous avons présenté l'avantage concurrentiel d'une véritable démarche d'intelligence économique, approche-clé de succès dans le nouvel environnement. Ce renouveau du management nécessite le développement dans les entreprises de nouveaux métiers spécifiques - ainsi que l'évolution des métiers traditionnels - en faisant notamment appel à des savoirs en provenance du monde du renseignement. Enfin, nous avons expliqué que ces nouvelles pratiques ne donneront leur plein effet que si elles s'appliquent simultanément dans les trois dimensions de la compétition économique et si elles débouchent sur de nouveaux modes d'organisation adaptés (entreprise virtuelle, en réseau et apprenante).

A la lumière de cette analyse, les entreprises ne peuvent plus nier la réalité de la compétition planétaire dans laquelle elles sont engagées. Elles doivent accepter le principe qu'une victoire sur la concurrence ne peut être que l'aboutissement de démarches originales et complexes. Dans un monde en perpétuel bouleversement, elles ne peuvent plus faire l'économie d'un outil d'information et d'action, sous peine d'être victimes de la compétition et de perdre rapidement les positions acquises. Logiquement, c'est du besoin de comprendre et d'agir dans un environnement turbulent qu'est née l'intelligence économique ; ce sont les mutations de l'environnement technologique et géopolitique depuis la fin de la Guerre froide qui ont placé l'information au premier rang de la compétitivité. Celle-ci constitue un facteur essentiel dans la conduite de l'action économique et le renseignement s'intégrera à l'avenir de plus en plus dans les processus de management, en sachant qu'il n'y a pas opposition mais complémentarité entre information ouverte et information fermée, et que les activités de renseignement et de sécurité des entreprises et de l'Etat se compléteront. Les acteurs économiques recourent à de telles pratiques non par choix, mais par nécessité : cependant, en raison de l'interdépendance qui caractérise le monde actuel, le combat frontal, coûteux et dangereux, n'est plus possible, car il génère des effets de choc en retour : les prédateurs ne survivraient qu'un temps très court à leurs ultimes proies. C'est pourquoi il leur faut passer d'une logique de guerre totale (courte et à haute intensité) à une guerre permanente (longue et à faible ou moyenne intensité).

En raison de l'ampleur, de la diversité et de la complexité des bouleversements en cours, nous vivons une époque agitée, en proie aux secousses incessantes du changement, comme chaque fois que la société humaine connaît des transformations profondes ou que sont remis en cause des règles et des mécanismes établis. Entre la fin de l'ordre ancien et l'avènement d'un nouveau système, prend place une douloureuse phase de transition. C'est le temps des incertitudes et des mutations, que récusent les plus conservateurs. Car, tout changement de modèle rencontre des résistances d'autant plus marquées que le nouveau paradigme n'est pas directement discernable et met en cause des conceptions ou des décisions antérieures. Certes, la difficulté à percevoir l'extraordinaire évolution humaine, technique et économique dans laquelle nous sommes engagés est légitime. La philosophie du XXe siècle, essentiellement d'origine allemande, n'est pas à la hauteur des formidables évolutions auxquelles nous sommes confrontés. Cette absence de cadre de pensée adapté explique bien des réactions. Cependant, il serait erroné de croire que la nouvelle ère n'apporte que des menaces. Indéniablement, elle nous lance des défis d'une ampleur jusqu'ici inconnue. Mais elle se caractérise également par la quantité exceptionnelle d'opportunités qu'elle génère, offrant des potentialités de développement extraordinaires, à l'image de la "nouvelle économie".

Dans le monde organisé, prévisible et rationnel dans lequel les acteurs économiques évoluaient jusqu'au début des années 1990, les approches logiques, cartésiennes et déductives étaient les clés de la réussite. Mais demain, dans un monde dont la vitesse d'évolution ne cesse de croître - à tel point que le changement finit par être considéré comme la seule donnée permanente - les anciennes formes de raisonnement fondées sur la déduction se révéleront obsolètes. Depuis une décennie, imperceptiblement mais irrémédiablement, nous sommes entrés dans l'ère de l'induction, c'est-à-dire dans l'ère de la création et de l'invention constante, et non plus de la seule amélioration. Ce phénomène va provoquer une véritable révolution des mentalités. A l'image des entreprises décrites au chapitre précédent, nous entrons dans l'ère des sociétés et des nations apprenantes. L'Humanité ne va plus évoluer progressivement mais par rupture. Elle sera en situation de *reengineering* permanent. Cette capacité à inventer le futur, à créer des solutions, des stratégies et des marchés se révélera essentielle pour les individus comme pour les organisations. Cela aura un impact immense sur les activités humaines et économiques et l'une des premières étapes à prendre en compte sera la réforme des systèmes d'éducation et de formation professionnelle. A moyen terme, il est légitime d'en attendre une évolution significative de la pensée collective. Aujourd'hui, quelques uns seulement ont anticipé ce futur incertain, à l'image des pionniers à l'origine de la cybernétique. Demain, une plus large frange de l'Humanité devrait en être capable, quotidiennement, à son échelle.

Pour relever les défis qui s'annoncent, il est impératif d'adopter des approches radicalement nouvelles, fondées sur des comportements créatifs, mises en oeuvre par des acteurs déterminés, à la mentalité prédisposée au nouveau contexte de la compétition. Nous en avons évoqué quelques unes dans les pages qui précèdent. Seuls ceux qui sauront relever les défis et aborder le changement de façon dynamique créeront l'avenir. La compétition déterminera rapidement qui seront les leaders et les suiveurs et quel sera le taux de laissés pour compte. Telle est la réalité qui s'annonce. Nous n'avons pas à être d'accord ou opposés à cet état de fait. Nous devons le prendre en compte et agir en connaissance de cause. Ne pas le reconnaître est la meilleure façon de se condamner. La nouvelle situation mondiale, changeante et incertaine, que ses métamorphoses continues rendent presque insaisissable, ne peut être dominée que par un surcroît de mobilité intellectuelle et technique et par une capacité toujours plus grande de transformation.

ORIENTATIONS BIBLIOGRAPHIQUES

Compétition économique, logiques de puissance et rapports de force

- Albert, Michel, *Capitalisme contre capitalisme*, Seuil, 1991.
- Brandenburger Adam et Nalebuff Barry, *Co-opetition*, Doubleday Currency, 1996.
- Brzezinski, Zbigniew, *Le Grand échiquier. L'Amérique et le reste du monde*, Pluriel inédit, Hachette, 1997.
- Chaix, Nicole (dir.), *Economie et sécurité : de l'industrie de défense à l'intelligence économique*, Fondation pour les études de défense, Collection Perspectives stratégiques, 1996.
- Esambert, Bernard, *La guerre économique mondiale*, Oliver Orban, 1991.
- Fondation pour les études de défense (collectif), *Stratégies économiques pour la Bosnie-Herzégovine*, Les cahiers de la FED, Paris, septembre 1997.
- Harbulot, Christian, *La machine de guerre économique*, Economica, 1992.
- Harbulot, Christian, *Techniques offensives et guerre économique*, étude Aditech/CPE n° 131, février 1990.
- Kauffer, Rémi, *L'arme de la désinformation. Les multinationales américaines en guerre contre l'Europe*, Grasset, 1999.
- Rogers, David, *Les grandes stratégies militaires appliquées aux affaires*, First, 1988.
- Schmidt, Christian, *Penser l'économie, penser la guerre*, Odile Jacob, 1991.
- Toffler, Alvin et Heidi, *Guerre et contre-guerre*, Fayard, Paris, 1994.

Culture stratégique et stratagèmes

- Clausewitz (von), Karl, *De la guerre*, Editions de Minuit, 1955.
- Fievet, Gil, *De la stratégie militaire à la stratégie d'entreprise*, Inter-Editions, 1992.
- Jacob-Duvernet Luc et alii, *Le miroir des princes : essai sur la culture stratégique des élites qui nous gouvernent*, Seuil, 1994.
- Kircher François, *Les trente-six stratagèmes* (traduit du chinois et commenté par), Rivages poche/Petite bibliothèque 1995.
- Lidell Hart, Basil, *Stratégie*, Librairie académique Perrin, 1998.
- Nadoulek, Bernard *Base de connaissances sur la mondialisation des cultures*, Aditech/CRC/Ministère de la recherche, 1992.
- Nadoulek, Bernard, *Guide mondial des cultures à l'usage des entreprises*, Editions EFE, 1998.
- Sun Tzu, *L'art de la guerre*, traduit du chinois et présenté par Jean Lévi, collection Inédit Pluriel, Hachette, 2000.
- Von Senger Harold, *Stratagèmes, trois millénaires de ruses pour vivre et survivre*, Interéditions, 1992.

Intelligence économique et gestion de l'information

- Allain-Dupré Patrice et Duhard Nathalie, *Les armes secrètes de la décision. La gestion de l'information au service de la performance économique*, Gualino, 1997.
- Babinet, Christophe, *Le devoir de vigilance*, Denoel, 1992.
- Baumard, Philippe, *Stratégie et surveillance des environnements concurrentiels*, Masson, 1991.
- Besson Bernard et Possin Jean-Claude, *Du renseignement à l'intelligence économique*, Dunod, 1996.
- Camp, Robert, *Le benchmarking*, Les Editions d'organisation, 1993.
- Clamen, Michel, *Le lobbying et ses secrets*, Dunod, 1995.

- Commissariat Général au Plan (sous la direction d'Henri Martre), *Intelligence économique et stratégie des entreprises*, La Documentation Française, 1994.
- Dou Henri,*Veille technologique et compétitivité*, Dunod, 1995.
- Ducatte, Jean-Claude, *La gestion de l'influence ou le lobbying au service de l'entreprise*, Editions Liaisons, 1998.
- Hassid Laurent, Jacques-Gustave Pascal et Moinet Nicolas, *Les PME face au défi de l'intelligence économique*, Dunod, 1997.
- Hunt C. et Zartarian V., *Le renseignement stratégique au service de l'entreprise*, éditions First, 1990.
- Jakobiak François, *Maitriser l'information critique*, Les Editions d'organisation, 1988.
- Kahaner, Larry, *Competitive intelligence*, Simons and Shuster, 1996.
- Lesca, Humbert, *Veille stratégique*, Aster, 1994.
- Marti Y-M. et Martinet B., *L'intelligence économique : les yeux et les oreilles de l'entreprise*, Les Editions d'organisation, 1995.
- Martinet B. et Ribault J-M., *La veille technologique, concurrentielle et commerciale*, Les Editions d'organisation, 1988.
- Rouach, Daniel, *La veille technologique et l'intelligence économique*, PUF, 1996.
- Sablier, Anastasie (pseud.), *Le renseignement stratégique d'entreprise*, L'Harmattan, 1997.
- Villain, Jacques, *Information, surveillance de l'environnement, propriété et protection industrielles, espionnage et contre-espionnage au service de la compétitivité*, Masson, 1989.
- Villain, Jacques, *L'entreprise aux aguets*, Masson, 1990.

Histoire et pratiques du renseignement

- Alem, Jean-Pierre, *Espionnage et contre-espionnage*, Que sais-je ?, PUF, 1980.
- Alem, Jean-Pierre, *L'espionnage, histoire, méthodes*, Lavauzelle, 1987.

- Baud, Jacques, *Encyclopédie du renseignement et des services secrets*, Lavauzelle, 1997.
- Cave-Brown, Anthony, *Histoire de la guerre secrète* (2 tomes), Pygmalion-Gérard Watelet, 1981.
- Dewerpe, Alain, *Espion : une anthropologie historique du secret d'Etat contemporain,* Gallimard-NRF, 1994.
- Faligot Roger et Kauffer Rémi, *Au coeur de l'Etat, l'espionnage,* Autrement, 1983.
- Faligot Roger et Kauffer Rémi, *Histoire mondiale du renseignement* (2 tomes), Robert Laffont, 1993 et 1994.
- Guisnel, Jean, *Guerre dans le cyberespace : services secrets et Internet*, La Découverte, 1995.

TABLE DES MATIÈRES

DEUXIÈME PARTIE : Les nouvelles attitudes à adopter pour participer avec succès à la compétition mondiale

www.ingramcontent.com/pod-product-compliance
Lightning Source LLC
LaVergne TN
LVHW050650051026
849532LV00002B/592
* 9 7 8 2 7 4 7 5 0 5 1 2 3 *